BUK
Von und über
Charles Bukowski

BUK
Von und über
Charles Bukowski
MaroVerlag

Herausgegeben von Rainer Wehlen und A. D. Winans
Aus dem Amerikanischen von Rainer Wehlen

Umschlag: Susanne Berner (Unter Verwendung einer Zeichnung von Charles Bukowski)
Layout: Reinhard Schubert
Fotos: Gerhard Klinkhardt (S. 7, 44, 66, 96, 114)
Benno Käsmayr (S. 21)

CIP-Titelaufnahme der Deutschen Bibliothek

Buk / von u. über Charles Bukowski. – Augsburg : Maro-Verl., 1989
    ISBN 3-87512-090-6

Erweiterte Sonderausgabe
der deutschen Erstausgabe
Mai 1989

© 1984   für Übersetzung und Zusammenstellung by MaroVerlag

© 1983   by Charles Bukowski, Silvia Bizio, Steve Richmond, Neely Cherry, John Kay, Gerald Locklin, Jerry Kamstra, Harold Norse, Hugh Fox, Guy Williams, Jack Micheline, Alta, Linda King, Ann Menebroker

"Gut fünfzehn Zentimeter": Abdruck mit freundlicher Genehmigung des Carl Hanser Verlags

"Die Bettdecke" und "Die schönste Frau in der ganzen Stadt" erschienen bei City Lights, San Francisco, deutsche Rechte bei MaroVerlag

"Dear Mr. Bukowski" erschien original bei Black Sparrow Press, Santa Barbara, mit Siebdrucken von Ray Hartman. Abdruck in diesem Band mit freundlicher Genehmigung.

Gesamtherstellung: MaroDruck, Augsburg

Inhalt

Silvia Bizio, Mit dem Rücken zur Wand	9
Charles Bukowski, Zeit	23
Steve Richmond, Mister zwei-Prozent	25
Charles Bukowski, Bleibe allein	33
Charles Bukowski, Hallo A. D.	35
Charles Bukowski, Für A. D.	37
Neely Cherry, Hank	39
Charles Bukowski, Gegen den Strom	45
Charles Bukowski, Die schönste Frau in der ganzen Stadt	47
John Kay, Poststempel: Long Beach	57
Gerald Locklin, Zwei Dichter	59
Charles Bukowski, Der Rotschopf	63
Charles Bukowski, Melancholie & Rotschopf	67
Jerry Kamstra, BUK	69
Charles Bukowski, Hier draußen	73
Harold Norse, Am schlimmsten für ihn ist, wenn du ihm sagst: ich mag dich	75
Charles Bukowski, V. G.	79
Charles Bukowski, Gut fünfzehn Zentimeter	81

Hugh Fox, Bukowski und die U S Lyrik 97
Guy Williams, Lieber Mr. Winans 104
Charles Bukowski, Leb wohl kleiner Vogel 107
Charles Bukowski, Er verprügelt die Frauen,
mit denen er zusammenlebt 109
Jack Micheline, Der größte Außenseiter 115
Alta, Etepetete 119
Linda King, Schlimm daß ich mich in
einen männlichen Chauvinisten verliebt hatte 123
Ann Menebroker, Frostige Mathematik 128
Charles Bukowski, Die Bettdecke 131
Charles Bukowski, Dear Mr. Bukowski 143

These words I write
keep me from
total madness.

Charles Bukowski.

Sylvia Bizio

Mit dem Rücken zur Wand

Dichter und Schriftsteller Charles Bukowski wurde 1920 in Andernach in Deutschland geboren, und man brachte ihn im Alter von zwei Jahren rüber in die Vereinigten Staaten. Eine Hautkrankheit in seiner Kindheit hat sein Gesicht mit Pockennarben entstellt. Bukowski, der schnell eingeschnappt ist und den Angst wie Frechheit gleichzeitig auszeichnen, hat es vorgezogen, sein Leben als Alkoholiker für sich allein und ohne feste Bleibe am Rande der Gesellschaft zu verbringen. Er hat im Gefängnis gesessen und im Krankenhaus gelegen, in zahllosen Jobs gearbeitet, viele Nächte unter den Brücken von Los Angeles zusammen mit Wermutbrüdern verbracht – und einige von ihnen zählt er immer noch zu seinen besten Freunden.

Bukowskis 30 autobiographische Bücher mit Gedichten, Short Stories und Romanen (die bekanntesten Titel sind wohl: *Women, Factotum, Post Office* und *Erections, Ejaculations, Exhibitions and General Tales of Ordinary Madness*) sind in einem einfachen, direkten und leicht nachvollziehbaren Stil gehalten. Er ist mit Vulgärem und Obzönitäten durchsetzt, und sein Werk gibt auf anschauliche Weise Rechenschaft über ein Leben, dessen Inhalte das Wetten auf der Rennbahn waren, außerdem das Trinken und die Jagd nach Frauen in billigen Hotels, Bordellen und an Imbißbuden in East Hollywood, wo er den größten Teil seines Lebens verbracht hat.

Eine ganze Portion seines Erfolges auf dem Buchmarkt verdankt Bukowski seiner Leserschaft in Europa, die in der Mitte der 70er Jahre auf ihn aufmerksam wurde. Der italienische Kritiker Sergio Di Cori beschreibt Bukoskis Stil folgendermaßen: "Die eigentümliche Vitalität der Landstreicher, die Aggressivität der Stories von Jack London, die erotische Spannung von Henry Millers Romanen und eine ebenso unglaubliche wie überraschende Eigenständigkeit sind Dreh- und Angelpunkt seines beispiellosen Werkes." Von seinem vorletzten Roman *Women* (1979) sind in den Vereinigten Staaten über 100.000 Exemplare verkauft worden. Der französische Regisseur und Produzent Barbet Schroeder (*The Valley, Maitresse, Idi Amin Dada*) hat Bukowskis erstes Drehbuch mit dem Titel *Barfly* (= Säufer) verfilmt; es handelt sich dabei um eine wirklichkeitsgetreue Beschreibung einiger Nächte aus dem Leben Bukowskis so im Alter von 20 Jahren.

Heute wohnt Bukowski mit Linda Lee Beighle in einem großen Haus in San Pedro, das von Obstbäumen und Rosenbüschen umgeben ist. Aber der Erfolg hat ihm bis jetzt noch nichts anhaben können. Abends schreibt er, wobei das Radio läuft und er Bier und Wein trinkt. Und wie der Henry Chinaski in seinen Romanen, trinkt Bukowski, den seine Freunde Hank nennen, mit der gleichen Regelmäßigkeit tagaus, tagein, mit der er auch täglich zum Pferderennen geht. Freilich mit einem Unterschied: statt des alten, klapprigen Volkswagens, der in seinen Romanen so häufig auftaucht, fährt er heute einen BMW. Er spricht, wie er schreibt, die Obzönitäten bei diesem Interview haben wir allerdings weggelassen.

Frage: Sie geben kaum Dichterlesungen. Warum nicht?
Antwort: Ich mag es, wenn man mich zur gleichen Zeit haßt und liebt. Aus diesem Grunde machen mir Lesungen so ab und zu Spaß, die Hasser johlen, und die mich mögen auch, und ich mache meine Arbeit da und stecke das Geld ein. Ich glaube, ich stehe dem Mann auf der Straße so nah wie sonst keinem, und wenn man an einen gerät, der ein bißchen über einem steht, dann nimmt man sich den zum Beispiel. Aus diesem Grund sollte man also kleine Brötchen backen, seine Arbeit machen und besser den Mund halten. Man soll das, was man rausschreien will, in den Texten machen und sich der Meute nicht zu oft zeigen. Wenn der Künstler sich erst mal mit der Masse einläßt, wird er selbst zur Masse.

Ist das auch der Grund dafür, daß Sie im vorigen Sommer nicht am internationalen Festival für Dichtung in Italien teilgenommen haben? Sie waren einer der berühmten Leute, die durch Abwesenheit glänzten.

Ich habe deswegen nicht daran teilgenommen, weil mir die Liste meiner amerikanischen Kollegen, die auch da auftreten sollten, nicht gefallen hat. Mit denen würde ich auch in Santa Monica nicht gemeinsam auftreten. Selbst in einem Raum zusammen mit denen würde ich es nicht aushalten. Nur das ist es, weswegen ich nicht hingefahren bin, mir gefällt deren Gesellschaft nicht. Ich will hier keinen Namen nennen, aber wenn das wahr ist, daß man die nämlich mit Dreckklumpen beschmissen hat, dann freut mich das doch. Wenn die eine Lesung geben, dann steigt mir die Kotze hoch, und mit der möchte ich sie dann am liebsten bespucken. Ich hasse solche Massenveranstaltungen.

Aber die Leute drüben wollten Sie hören und Ginsberg...

Nein, nein, nun machen Sie mal einen Punkt, wir wollen doch nichts durcheinanderbringen.

Nun gut, aber Allen gilt in Italien als das große Idol, wie Sie übrigens auch.

Allen Ginsberg ist O. K. Allen ist in Ordnung. Sie sind alle gute Dichter: Gregory Corso, Joan Baez, Timothy Leary, Frank Zappa, Bob Dylan... amerikanische Kultur, ganz in Ordnung.

Was macht Ihr Drehbuch "Barfly"?

Von "Barfly" verspreche ich mir wirklich einiges, nicht weil Barbet (Schroeder) und ich uns schon so lange damit rumärgern, sondern ich meine, daß an der Sache wirklich was dran ist. Aber wie will man das beweisen? Das ist ganz schön schwierig. Sie wissen ja, wie es im Augenblick aussieht bei der Inflation und mit Kreditzinsen bei 20 %... Eigentlich sage ich ja so was nie, aber wenn bei "Barfly" die Regie stimmt, dann wird er besser sein als "Cuckoo's Nest". Er wird realistischer sein, weil er von einem Irrenhaus handelt, das kein Irrenhaus ist und dessen Insassen nicht eingesperrt sind.

Hat "Barfly" eine Handlung?

So was wie Handlung gibt es darin auch; ich habe es schon so hingekriegt, daß die Leute ihr Popcorn weiteressen werden. Ihnen wird schon Unterhaltung geboten. Ich versuche darin zu berichten, was vor 30 Jahren so passiert ist, mit allem Drum und Dran. Und die Geschichte ist authentisch. Ich habe bisher nichts darüber geschrieben. Es geht um drei oder vier Nächte in meinem Leben, als ich 24 war, 93 % von dem ist wirklich passiert.

Können wir noch einmal kurz auf Europa zurückkommen? Drüben kommt Ihr Werk besser an als hier. Wie erklären Sie das?

Europa ist uns 100 Jahre voraus auf den Gebieten der Dichtung, Malerei und Kunst, und das ist mein Glück. Hier gibt es nicht viele, die meine Arbeit zu würdigen wissen. Besonders die Feministinnen hassen mich so sehr, weil sie eben nicht alles gelesen haben, was ich geschrieben habe. Die lesen immer nur einen Teil, und dann regen sie sich schon so auf, daß sie die nächste Seite oder die nächste

Story schon gar nicht mehr schaffen. Das liegt nicht an mir, das liegt an ihnen selbst. Sie sind mit ihren Attacken zu schnell bei der Hand, statt erst mal alles zu lesen, was ich geschrieben habe. Es sind ja nicht nur die. Sieht so aus, als hätten Sie mit der Linken allgemein so Ihre Probleme.
Ich mag die Linke hier in Amerika nicht. Das sind doch alles nur wohlgenährte kleine Affen aus Westwood Village, die ihre Slogans herunterbeten. Die sind viel zu sehr damit beschäftigt, einen Job zu kriegen oder Marihuana oder Reifen für ihre Autos oder Kokain oder damit, in eine Disco zu laufen. Die an der Ostküste sind genauso. Ich glaube kaum, daß es hier eine radikale Untergrundbewegung gibt. Alles, was als radikaler Untergrund bezeichnet wird, ist Gewäsch der Medien. Jeder, der damit angeblich zu tun hat, wird sich ganz schnell einer anderen Sache verschreiben, wenn sie ihm nur finanziell etwas einbringt. Abbie Hoffmann und all die anderen Schlitzohren. Die gesamte Linke in Amerika sind allesamt grandiose Schaumschläger. Also die sogenannte Linke... die wissen überhaupt nicht, was Kampf wirklich bedeutet. Der Kampf findet auf der Straße statt, ich bin auf der Straße groß geworden, ich weiß, was auf der Straße los ist. Aber die Straße ist und bleibt die Straße, mit der kann man nicht viel anfangen. Die Straße ist sehr schön. East Hollywood ist sehr schön. Hollywood und die Western, Big Sam als Zuhälter. Die Straße ist sehr gut, sie ist voller Leute, voll toller Leute, und weder Sie noch ich mögen die Reichen. Sie können ruhig 50.000 Dollar auf mein Konto einzahlen. Auch dann mag ich die Reichen noch nicht.
Einige Leute sind der Ansicht, Sie behandeln in Ihrem Werk politische Themen. Was halten Sie davon?
Nein, die haben absolut unrecht. Politik sagt mir überhaupt nichts. Ich bin kein Retter der Menschheit. Ich will die Welt nicht verbessern. Ich will nur einfach in ihr leben

und über das reden, was in ihr passiert. Ich habe kein Verlangen danach, die Welt zu retten. Ich will auch nicht die Wale retten. Ich will nicht, daß Kernkraftwerke abgerissen werden und verschwinden: Was auch immer sich hier abspielt, ich bin mitten drin. Kann sein, daß ich sage, ich mag das nicht, aber ich will es nicht ändern.
Haben Sie wirklich jahrelang bei der Post gearbeitet?
Bei Gott! Elfeinhalb Jahre nachts und zweieinhalb Jahre tagsüber. Aber passen Sie auf, nachts konnte ich sowieso nicht schlafen, ich tat also so, als wär das eine Party zu nachtschlafener Zeit. Ich habe immer spät am Nachmittag mit dem Schreiben angefangen. Dann kam ich schon immer betrunken da an, und die Leute dort waren so blöde, daß sie nicht mal rauskriegten, ob ich nun betrunken war oder nicht. Und mein Freund Spencer kam immer bis oben hin zu mit Drogen dort an, wir waren also beide fein raus. Ich habe immer zu Spencer gesagt: "Ich komm hier schon noch raus! Ich kenn mich beim Pferderennen aus!" Ich treffe also den Typen, jetzt nach 15 Jahren, auf der Rennbahn. Ich treffe ihn auf der Haupttribüne, und er ist ganz durcheinander, ganz daneben, verwechselt meinen BMW mit einem Mercedes-Benz und meint, ich mache mein Geld beim Rennen. Eines Tages rief er mich an und sagte: "Ich habe gehört, was mit dir los ist. Du ziehst da von einer dieser Universitäten zur anderen und betrügst die Leute." Ich antwortete: "Stimmt, Spencer."
Ich habe gehört, man hält an einigen Universitäten Vorlesungen über Sie, und die verwenden dann Ihre Bücher als Lektüre: die Gedichte, den Roman "Faktotum". Wie kommen Sie sich dabei vor?
So ganz wohl fühle ich mich dabei nicht. Das bedeutet doch wohl, ich bin ungefährlich genug, daß man Vorlesungen über mich halten kann. Wenn dem so ist, glaube ich, muß ich wieder mal das Gaspedal ein bißchen durchtreten. Ich mag es nicht, wenn mich jemand einholt. Ich habe es

am liebsten, wenn der Abstand zwischen ihnen und mir groß ist. Es beunruhigt mich. Kann auch sein, daß ich einfach zu selbstzufrieden werde. Solange sie da über "Faktotum" dozieren, geht das in Ordnung; das Leben der Arbeiterklasse hat etwas mehr Realistisches. Aber wenn sie anfangen, über "Women" Seminare abzuhalten, dann muß ich mich wohl hinsetzen und "Women II" folgen lassen.
Eins kommt in Ihren Büchern immer wieder klar zum Ausdruck, Sie haben ständig mit einer Menge Frauen zu tun. Glauben Sie an eine Beziehung zwischen Männern und Frauen?
Über menschliche Beziehungen habe ich weiter nichts zu sagen, als daß sie nicht funktionieren. Sie funktionieren nie. Man tut so, als würden sie funktionieren. Es handelt sich um einen Waffenstillstand zwischen Menschen. Das beste dazu habe ich gehört, als ich bei der Post war. Da war einer, der sagte mir, er sei schon 50 Jahre verheiratet. Wenn er morgens aufstand, schaute er sie an und sagte ganz ruhig zu ihr: "Nun fang nicht irgendwas an, dann wird da schon auch nichts sein." Für meine Begriffe faßt das das ganze Problem treffend zusammen. Er wollte einfach einen Waffenstillstand. Menschliche Beziehungen funktionieren nicht. Am Anfang sind wir alle die Liebenswürdigkeit in Person. Ich erinnere mich an einen Film mit Woody Allen – solche Sachen hat er gut drauf –, und darin sagte sie: "Aber du bist nicht mehr so, wie es zwischen uns am Anfang war, du warst so nett." Und er antwortete: "Weißt du, das war einfach nur mein Liebeswerben. Darauf habe ich mich voll und ganz konzentriert. So konnte ich aber nicht die ganze Zeit weitermachen. Ich wäre dabei verrückt geworden." So verhalten sich die Leute am Anfang. Man meint, sie sind an den ersten paar Tagen so intelligent, so voller Leben. Und dann macht sich die Wirklichkeit breit. 'Du läßt deine Socken überall auf dem Boden rumliegen, du Idiot..."
Die ganze Angelegenheit ist ziemlich verworren. Sie haben

ja Boccaccios "Decamerone" gelesen. Das hat einen ziemlichen Einfluß auf meinen Roman "Women" gehabt. Mir hat seine Vorstellung gefallen, daß Sex so lächerlich ist, daß keiner damit klarkommt. Ihm ging es nicht so sehr um Liebe, ihm ging es um Sex. Liebe ist komisch, noch lächerlicher. So einer! Der konnte sich wirklich darüber lustig machen. Er muß wirklich so an die 5.000 Mal von einer reingelegt worden sein, um so einen Stoff schreiben zu können. Oder vielleicht war er auch nur einfach schwul. Ich weiß es nicht. Also... Liebe ist lächerlich, weil sie nicht von Dauer sein kann, und Sex ist ebenfalls lächerlich, weil er nicht lange genug vorhält.

Wie kann man dann weitermachen, wenn nichts zu klappen scheint?

Ich glaube, wir brauchen einfach ein bißchen Glück und ein bißchen Blendwerk und etwas Mut, um weiterzumachen. Mit Mut meine ich durchhalten, wenn uns alles so schrecklich vorkommt und man keinen Sinn mehr darin sieht weiterzumachen. Man steht mit dem Rücken zur Wand und läßt sich nicht hängen. Das ist die Kraft, ohne irgendwelche Hilfen weiterzumachen wie etwa Psychiater oder Gott oder Drogen. Man ist ganz auf sich gestellt dabei, allein. Wenn einer meint, das sei hart, Mann... Mann, das ist hart.

Ich weiß zwar, daß Ihnen die Frage nicht gefallen wird, aber Alkohol ist doch ein Ausweg?

Ich habe mir gedacht, daß das jetzt kommt. Deswegen habe ich bisher nicht darüber gesprochen. Aber passen Sie mal auf, Alkohol ist ein wohltuender Gott. Er erlaubt es einem, Selbstmord zu begehen und wieder aufzuwachen und sich wieder zu töten. Der Tod eines Alkoholikers zieht sich ziemlich lange hin. Drogen sind schnell. Wenn man an Gott glaubt, ist man auf jeden Fall völlig tot, weil man sein ganzes Denkvermögen jemandem anders als sich selbst anvertraut hat. Mit Alkohol stirbt man langsam. Mit anderen

Worten, man verabschiedet sich nicht auf einmal. Man verabschiedet sich Zentimeter für Zentimeter statt schnell. Man wartet ab, bis es vielleicht mal etwas besser geht. So geht es mir schon, seit ich 14 war. Ich fahre jetzt einen BMW, ich wohne in einem großen Haus, im Kamin prasselt das Feuer, Sie machen ein Interview mit mir, scheint alles besser zu sein, aber ich weiß, daß das nicht stimmt. Es ist alles beim alten geblieben. Äußerlich hat sich zwar etwas geändert, aber sonst ist alles genauso schlecht wie früher und wird es auch immer sein.

Sprechen Sie jetzt für Ihre eigene Person oder über die Welt im allgemeinen?

In erster Linie für mich, weil ich nicht für andere denken oder empfinden kann. Aber wahrscheinlich kann ich es doch, denn ich finde oft eine Menge Briefe in meiner Post über das, was ich schreibe. Die Leute meinen: "Bukowski, du bist so verrückt und lebst noch immer. Ich habe beschlossen, keinen Selbstmord zu begehen." Oder: "Du bist solch ein Kotzbrocken, Mann, du hast mir Lebensmut gegeben." So rette ich Leuten gewissermaßen das Leben, während ich mir einen genehmige und abwarte. Nicht, daß ich sie unbedingt retten will, ich habe keinerlei Verlangen danach, irgend jemanden zu retten, aber wie es scheint, klappt es dennoch. So sehen also meine Leser aus, klar? Diese Leute kaufen meine Bücher: die Kaputten, die Verrückten und die Verdammten, und das macht mich stolz.

Nehmen Sie mich jetzt auf den Arm?

Ein bißchen, aber nicht ganz. Denn den ich in meinen Büchern am meisten bekämpfe, das bin ich selbst, und im Grunde bin ich wie jedermann. Das ist es, was den Feministinnen zu entgehen scheint — jener Teil, den man zwischen den gedruckten Zeilen findet.

Dennoch war es eine Gruppe von Frauen, die in Rom das Stück "Bukowski, wir lieben dich" auf die Bühne brachte. Wußten Sie das?

Wie, meinen die Leute eigentlich, kann ich weiterschreiben, wenn man all die guten Dinge über mich verbreitet? Ich mag die schlimmen Sachen lieber. Wir alle brauchen die Feindschaft als Triebfeder. Dostojewski hat einmal gesagt: "Feindschaft ist die elementare Ursache der Selbsterkenntnis." Nun, immerhin ist sie eine davon. Dostojewski... der wird immer Bestand haben. Die alte Frage der Beständigkeit. Saroyan hat gesagt: "Der Aufschrei, der mit Dostojewski kam." Der konnte schreiben, ich kann auch schreiben. Er war S-K-Y, ich bin Fleetwood Mac! Dostojewski, den kann man immer wieder lesen, genau so wie John Fante... den sollten Sie mal lesen, diesen Fante. Das war schon ein ganz schön harter Brocken, dieser Kerl, und der schreibt besser als ich — fast besser als ich. Er hat mehr an menschlicher Seele als all die Leute zusammen, die mich hören wollen. John Fante ist mein Kumpel, der aus dem Nichts kam, ich mag ihn, er ist ein Mann voller Geheimnisse. Und jedes Werk von John Fante ist unsterblich.

Wann hat sich Ihr Leben geändert? Wann war es vorbei mit der Zeit, die Sie in "Post Office" und "Women" beschreiben?

Nichts ist vorbei. Sie meinen wegen des Kamins da? Sie machen sich zu viele Gedanken über meinen Seelenzustand... als seinerzeit immer die Leute vorbeikamen und mich in dem kleinen Zimmer voll mit Bierdosen besuchten und ich dann aufstand, ins Badezimmer ging, mich übergab und wieder rauskam, eine Zigarette ansteckte und ein neues Bier ansetzte, da dachten sie, ich habe Seele.

Ich könnte wetten, die fühlten sich bestätigt, wenn sie Sie in diesem elenden Zustand sahen. Das paßte zu dem Bild, das sich die Leute von Hank Bukowski machten.

Aber ich hatte Seele für sie, und ich hatte sie auch für mich... war alles gut so. Ich weiß, ich war ein schlimmer Bursche. Heute bin ich weich, sanft, ich lächele. Ich will einfach in Ruhe leben mit einer vernünftigen Frau, wir

wollen zusammen trinken, fernsehen, spazierengehen...
  Sie haben vorhin etwas darüber gesagt, daß Sie nicht religiös sind; sind Sie nicht aber katholisch erzogen worden?
  Ja, stimmt, und ich bin zur Heiligen Messe gegangen, aber nicht aus mir heraus. Als ich im Sterben lag, schickte man nach einem Priester, der mir die Sterbesakramente geben sollte. Der sagte zu mir: "Auf Ihrer Einweisung steht, Sie sind katholisch." Also, wenn man im Sterben liegt, ist das so, daß man nicht gut reden kann. Ich sagte: "Ehrwürdiger Vater, ich wollte nur nicht, daß mich jemand danach fragt, was ich unter einem Agnostiker verstehe. Deshalb habe ich einfach Katholik hingeschrieben, das geht so durch. Ich bin also gar kein Katholik, ist mir auch egal." Er beugte sich zu mir runter und sagte: "Mein Sohn, einmal katholisch — immer katholisch." Ich sagte: "Stimmt nicht, Hochwürden, das ist nicht wahr. Gehen Sie bitte und lassen Sie mich sterben!"
  Haben Sie Angst vor dem Sterben?
  Wer, ich? Überhaupt nicht! Ich habe es schon ein paar Mal ganz aus der Nähe kennengelernt. Ich habe davor keine Angst. Wenn man das schon mal so nahe erlebt hat, ich glaube, man hat dann ein gutes Gefühl dabei. Man zieht sich einfach zurück. Nun gut, wenn man also nicht an Gott glaubt, dann kümmert es einen auch wenig, ob man in die Hölle oder den Himmel kommt, man entspannt sich einfach von dem, was immer man auch gemacht hat. Es tritt etwas Neues ein, es wird ein neuer Film gezeigt; also, egal, wie auch immer das ist, man sagt: "O. K.". Als ich 35 war, da hatten die mich im General Hospital schon fast für tot erklärt. Ich bin nicht gestorben. Ich kam aus dem Krankenhaus — die hatten mir vorher gesagt, ich sollte nicht einen Tropfen mehr trinken, oder es wäre mein sicheres Ende — ich kam also raus, und wo ging ich als erstes hin? In eine Kneipe und trank ein Bier. Nein, zwei Bier!
  Und warum? Weil Sie das Leben verachteten?

Nein, weil ich alle jene verachtete, die einen angelogen hatten. Der Tod ist gut. Er ist nicht gut **oder** schlecht. Sie wissen ja, was man so sagt: "Eine sehr lange Reise." Mit jemandem zusammenleben zu müssen, mit dem man nicht zusammenleben will, ist schlimmer als der Tod; acht Stunden eine Arbeit tun zu müssen, die man haßt, ist schlimmer als der Tod.

Ab und zu trifft man Sie ja mal an den Universitäten, oder Sie geben von Zeit zu Zeit Dichterlesungen. Was machen Sie aber so tagaus, tagein?

Ich stehe auf, ich fahre zum Pferderennen, ich komme müde zurück. Zum Schreiben bin ich zu müde. Dann kommt Linda von ihrem Laden nach Hause, und sie ist auch müde. Wir sitzen hier im Zimmer. Ich sage dann: "Also, ich finde, wir sollten uns einen Kleinen genehmigen!" Nach dem Essen erledigt sie dann ihre Buchführung. Ich gehe nach oben. Ich fange zu schreiben an. Jeden Tag das gleiche. Wenn Sie mich fragen, ob das, was ich schreibe, immer noch gut ist, dann sage ich Ihnen: Ja, es ist immer noch gut. Ich habe nicht aufgehört, Gedichte zu schreiben. Ich habe "Women" geschrieben. Wenn man zu viel Prosa schreibt, muß man wieder mal was anderes schreiben. Es reicht einem dann. Ich werde noch ein weiteres Jahr oder so Gedichte schreiben, und dann fange ich mit Roman Nr. 4 an, das ist ein ziemlich verrücktes Ding. Über meine Kindheit, das wird ein harter Brocken werden, seine eigene Kindheit auseinanderzunehmen bis zum Eintritt in die High School. Besonders dann, wenn es sich um meine handelt. Ich bin nämlich zur gleichen Zeit in die Rollen der verschiedensten Leute geschlüpft. Mehr kann ich Ihnen aber darüber noch nicht sagen. In einem Jahr werde ich mit dem Schreiben anfangen. Wenn ich danach noch lebe, will ich darüber schreiben, was sich von "Post Office" bis zu meinem Tod abgespielt hat.

Es scheint also so zu sein, daß es nur die Rennbahn ist,

die in der Welt, die Sie beschreiben, keinen Platz findet?
Mit anderen Worten wollen Sie wohl sagen, daß ich jetzt auf der Rennbahn und nicht mehr auf der Straße zu Hause bin? Sie machen sich wohl Gedanken über meinen Seelenzustand? Was soll sich denn eigentlich geändert haben? Daß ich in einem großen Haus wohne, daß ich ein schönes Auto habe?
Ich meine schon, daß da ein gewaltiger Unterschied ist. Man wird morgens wach und weiß auf einmal, wie man die Miete bezahlen kann...
Und worin besteht der Unterschied? Wenn Sie sich anschauen, was ich von 1979 an geschrieben habe, dann haben Sie die Antwort auf die Frage, ob ich versagt habe oder ob ich meinen Weg gemacht habe. Sehen Sie, mein großes Glück war, daß alles in viel zu großem Rahmen viel zu spät kam. Wenn ich im Alter von 60 Jahren nicht klug genug bin, das alles zu begreifen, dann weiß ich herzlich wenig. Wenn ich wirklich so wenig weiß, dann geschieht es mir recht, daß ich untergehe. Wir werden ja sehen.

("Los Angeles Times" 4. 1. 1981)

Charles Bukowski — zeit

man fällt nach innen
nicht aus eigenen stücken
intelligenz
schlechte zähne
schlechtes essen

man fällt nach innen
weil das der B E S T E   F I L M
im weiten umkreis ist

einmal hatte ich die schnauze so voll
von allem
da habe ich die zeitansage angerufen
und der weiblichen stimme zugehört
immer wieder ...

"es ist jetzt 10.10 und zwanzig sekunden
es ist jetzt 10.10 und dreißig sekunden ..."

ich mochte ihre stimme nicht
und mir war auch egal, wie spät es war

dennoch hörte ich ihr immer wieder zu

jetzt bin ich betrunken
ich bin froh, daß mir jemand meine vorige uhr gestohlen hat
man konnte die zeit darauf so schlecht erkennen

jetzt bin ich betrunken
ich habe mir eine neue gekauft

sie hat ein schwarzes zifferblatt und
weiße zeiger
und ich sitze da und starre sie an
den sekundenzeiger
den minutenzeiger
den stundenzeiger
und draußen
kriechen planierraupen meine wände hoch

wie imperien
wie alte tote liebschaften
und neue liebschaften
die scheitern

die nacht ist am besten

und eine uhr mit schwarzem zifferblatt
und weißen zeigern

Steve Richmond

Mister zwei-Prozent

Bukowski ist kein Guru der Dichtung. Ginsberg ist ein Guru, und ich habe kein Vertrauen zu Gurus. Ich habe zu Dichtern Vertrauen. Das erste Gedicht von Bukowski, das ich großartig fand, hatte den Titel "Freedom"... ich habe es in der ersten Nummer von "OLE" gelesen, in einem schlechten Abzug. Wohl der überzeugendste Ausdruck von Wahrheit in der Kunst, den ich je von einem lebenden oder toten Schriftsteller gelesen habe – in seiner Vollendung ein heiliges Gedicht.

Bukowski ist ein 'religiöser' Mensch, obwohl er das nie zugeben würde. Der Kampf zwischen Satan und Gott, dessen Kriegsschauplatz unser Fleisch ist, bestimmt sowohl seine Gedichte und Prosa als auch seine Person selbst, sein Benehmen, sein Betrunkensein, sein Verhalten, seinen Stolz, seine Weisheit und besonders seinen Humor. Schau einem Menschen in die Augen, und du wirst die Hölle sehen. Bukowski macht es von Zeit zu Zeit Spaß, König Teufel zu spielen. Meister der Kunst. Er spielt seine Rolle gut. Wenn man ihn jedoch beobachtet, wie er mit seiner kleinen Tochter spielt, hat das nichts mehr mit der Hölle zu tun.

Es ist schon eine Riesenehre, ihn zu kennen und mit ihm auf dem Gebiet der Kunst zu streiten... mit ihm um die Wahrheit zu ringen... mit ihm als Dichterkollegen um das Schöpferische zu ringen. Bukowski ist ein Schriftsteller, der von draußen kommt, aus der Welt der Straße mit Wein und treulosen Liebenden. Reiche, fette, häßliche, tote Scheißkerle und tapfere Bullen und traurige Nutten und einsame Goldfische und Freier von der Feuerwache. Bukowski hat viel für jüngere Schriftsteller getan. Er hat mir dabei geholfen, das zu veröffentlichen, was ich für die Wahrheit halte. Ich kann also nicht bestreiten, daß ich für ihn voreingenommen bin. Ich bin gleichzeitig sein Freund und wohl auch schlimmster Feind.

Sein Werk, Prosa und Gedichte, hat heute mehr Aussagekraft als das irgendeines Schriftstellers, den ich kenne. Seine Zeilen schreiben sich in unsere Seele. Seine Zeilen behält man mühelos, weil sie so lebensnah sind. Sie beinhalten seinen Seelenzustand und schreien ihn uns entgegen. Frei in einer Stadt der Engel, uns das zu sagen, was er sagen muß.

Der Künstler muß die ganze Welt als Feind erfahren, um überleben zu können. Er oder sie muß sich von allem Gegenständlichen lösen, um etwas, das der Wahrheit nahekommt, wieder in Form von Kunst zu vergegenständlichen. Und der Künstler ist zu seiner Art von Wahrheit verdammt. Dazu ist auch Bukowski verdammt. Das kann man auch deutlich von seinem Gesicht ablesen. Man hat in sein Gesicht reingehackt. Bukowski ist durch sein Werk dazu verurteilt, mit der Schande zu leben, der Beste zu sein. Kriege werden weitergehen. Die Leute werden sein Werk lesen und darüber spotten. Der Künstler, der es jedem recht macht, ist noch nicht geboren worden. Dennoch erklären wir voll aufrichtigen Herzens, daß wir uns mit aller Kraft darum bemühen werden, jeden zu erreichen. Jeden mit unseren innersten Gefühlen zu rühren, so daß wir besser verstanden werden und ein paar Tage länger leben. Bukowskis Werk ist der Motor, der ihn selbst antreibt. Eine sich selbst erzeugende Energie.

Bukowski ist durch und durch Mensch. Wir alle lügen, vergewaltigen, betrügen und töten. Einzigartigkeit ist als Grundauffassung nicht falsch. Einzigartigkeit bedeutet Wahrheit und Wirklichkeit. Bukowski drückt uns aus. Vom Kruzifix in unserer sterbenden Hand bis zum Schweiß im Nacken. Er spricht für uns, als sei er wir. Einer aus dieser Menschenmenge beim Pferderennen, einer in diesen Scheißspelunken, einer hinter Gittern, einer an der Schreibmaschine. Er schreibt für Schriftsteller und fordert uns heraus, eine höhere Wahrheit zu Papier zu bringen. Bukowski fordert den Löwenanteil am Ruhm, den die Kunst auf diesem Planeten zu vergeben hat. Er ist kurz davor, ihn auch zu verdienen.

Er ist der Balzac von heute, der immer wieder aufs neue zu seiner Schreibmaschine zurückfindet, als sei sie eine Quelle des Geistes. Wie ein Vulkan fährt er fort zu rumoren, zu rülpsen... auf seinem Weg hat er so viele Menschenleben verbrannt... viele Leute hassen ihn... und manchmal hasse ich ihn auch. Für mich ist er eine körperliche Herausforderung; nicht daß ich rübergehen möchte zu seinem Haus und ihn verprügeln wollte; zum Teufel mit all den blöden Arschlöchern, die das gemacht haben – die Art, wie er mich herausfordert, ist Kunst als physische Anstrengung auf Papier oder Leinwand – seiner Wahrheit ebenbürtig sein – seine Wahrheit übertreffen – daß dieser Ort, wo wir atmen und scheißen und schreien, besser werden kann. Die Wahrheit ist mitgeteilter Schmerz, so daß andere daran teilhaben können. Er ist dabei voller Freude. Sein Werk ist bestimmt von Freude und Humor und Zärtlichkeit. Er ist mit seiner Kunst in erster Linie deswegen erfolgreich, weil er zärtlich genug ist, unsere eigene Brutalität zu beschreiben.

Wir alle fallen uns gegenseitig in den Rücken, um eine Höhe zu erreichen, die uns nicht zusteht. Wir alle versauen uns gegenseitig die Stimmung, um Leitern hochzusteigen, die uns nicht zustehen. Dies sind menschliche Eigenschaften und werden es auch bleiben, wie es scheint. Alle, die meinen, Bukowski habe sie niedergestochen, müssen zugeben, daß er ihre eigenen Seelen durchdrungen hat und das ganze Durcheinander darin treffend beschrieben hat. Bukowski wird die Seele eines jeden im wörtlichen Sinne aufsaugen, wenn der die von ihm ausgehende Herausforderung nicht annimmt — weil er weiß, daß seine Herausforderung gilt. Schlage ihn auf dem Feld des Schöpferischen. Schlage ihn in der wahren Kunst. Stelle dich dem Wettbewerb.

Gagaku

Gagaku ist alte Shinto Musik. Egal wie, versuch der Wahrheit möglichst nahe zu kommen. Charles Bukowski, Hank, Buk. Eine machtvolle Erscheinung in unserer Welt. Ein Dichter. Viel, viel ist von denen gesagt worden, die sein Werk kennen. Ein Mann, der seinen Herausgebern Beine macht. Seine Gedichte waren Anfang und Mitte der 60er am eindrucksvollsten. Selbst heute können seine Gedichte noch zu den eindrucksvollsten zählen, die geschrieben werden. Er schreibt Prosa. Literatur ist sein Beruf geworden. Ein Meister, dessen Werk geht. Eine schillernde literarische Figur. Etwas mehr oder weniger als ein Dichter. Ein Erfolg in den Buchläden. Er wird gekauft. Er feiert diesen fröhlichen Umstand. Erfolgreich bei seinen Lesungen. Ein Meister, der sein eigenes Werk voller Autorität vorträgt. Ein Kühlschrank gefüllt mit Bier hinter seinem Sessel. Ein Ereignis. Ein Schauspieler. Auf der Bühne. Er liest für sich selbst. Ein Clown? Nicht ganz. Ein Kunstereignis in dem Rampenlicht, das er verdient. Er ist es, den die Leute jetzt sehen und hören wollen. Mehr Anhänger von Tag zu Tag. Begeisterte Anhänger. Seine Wahrheit ist ebenso wahr wie die von Christus, warum sollte sie es auch nicht sein? Ein Berufener.

Auf mancherlei Weise einsam — einer, den sein Stamm ausgesetzt hat. Die Wahrheit erfordert das. Sich von den

Gruppen abzusetzen. Sich als geistiges Individuum durchzusetzen. Bukowski hat sich durchgesetzt... wenn er jedoch jetzt aufhören würde, schöpferisch tätig zu sein (was unwahrscheinlich ist), dann hätte er paradoxerweise versagt. Sein Leben gründet sich auf eine schöpferische Tätigkeit, die immer weitergeht. Es ist schwer zu begreifen, was ihn antreibt. Sein Werk duldet keinen Aufenthalt. Das sollte niemand versuchen – bei allem, was noch aus seiner Schreibmaschine kommen mag in Form von Romanen und autobiographischen Skizzen, die irrtümlicherweise Short Stories genannt wurden, könnte es sich ja um das größte seiner Werke handeln. Eine gewichtige literarische Figur, deren Tage, was Gedichte betrifft, im großen ganzen wohl vorbei sind, und deren Tage, was bedeutsame Prosa betrifft, jetzt angebrochen sind. Bereit, sich meinen Worten zu stellen... meinem Beil. Ich sehe in den Mann hinein. Er ist ein Mann. Es gibt sehr wenig menschliche Wesen unter uns allen, die wir bei weitem weniger unseren Mann stehen. Leute aus Papier. Seelen aus Pappkarton. Ich sehe ihn als Mann. Kampfbereit. Streitsüchtig. Hat die Schnauze voll, und das sagt er auch in seinem Werk. So verhalten sich wahre Männer. Glaubt mir. Die Schnauze voll und sich durch Kunst mitteilen. Zauberei. Die tollste Zauberei. Bukowski. Schamane des geschriebenen Wortes. Auf sich gestellt. Ein Einzelgänger. Ein alter Stier, der nie untergehen wird. Mythisch. Eins mit Lorca, Rimbaud, Artaud. Einer in der Kette heiliger Vermittler. Der die Wahrheit weitergibt. Damit vielleicht ein armes Würstchen in 200 Jahren etwas Gedrucktes findet, das ihn vom Selbstmord abhält. Verständnis aus einer anderen Zeit, das jemandem hilft, in seiner eigenen Zeit am Leben zu bleiben. Worte für zukünftige Seelen. Selige Worte.

Man braucht ihn nicht zu fürchten – den Charles Bukowski. Er ist gerecht, wenn überhaupt einer wirklich gerecht genannt werden kann. Der wahre Künstler sticht der

Seele in ihr Innerstes, damit sie selbst ihr Innerstes unverhüllt sieht, krank. Wahre Kunst ist nicht leicht zu ertragen... sie ist eingedrungen, bevor Abwehrkräfte das verhindern können. Sie ist Gottes geheime Waffe. Die Bibel ist das Herz der Kunst. Bukowski würde so etwas nie sagen. Ich bin sicher, er ist davon überzeugt. Er hat sein Image, für das er etwas tun muß. Ein altes Motto der Druden: die Wahrheit gegen die Welt. Sein Image ist die Wirklichkeit. Schmutzige Wände. Schmutziger Abwasch. Schmutziges Klo und Waschbecken. Bierbauch. Zermatschtes Gesicht. Dies sind seine geheiligten Rechte.

Jemandem, der zu seinen Lebzeiten unsterblich ist, kann es passieren, daß er in der Zukunft nicht unsterblich sein wird. Ich habe früher einmal geschrieben, Bukowskis Werk wird in 50 Jahren vergessen sein. Ich habe mich geirrt. Es wird uns überdauern. Seine "Notes of a Dirty Old Man" stellen für mich persönlich die reinsten Seelen dar. Wie bei einem Ballet. Seinen Weg ist er mit Herz gegangen. Dichtung und Kunst. Spender von Geist und Wahrheit. Verdient alle materiellen Segnungen, die da kommen werden. Braucht dringend andere Schriftsteller, die ihn auf dem Feld des Schöpferischen schlagen. Ehrlich genug, seine Vorurteile wie Fürze von sich zu geben. Seine eigene Scheinheiligkeit, die sofort dann verschwindet, wenn er sie zu Papier gebracht hat. Hält Dämonen an der Leine. Spielt Humphrey Bogart auf dem Papier und erschafft Wirklichkeit. Unterhält uns. Liefert immer wieder seine Seele aus, was dem geistig Beschränkten wie Wiederholung vorkommt. Ginsberg hat gesagt, Bukowski schreibe zu viel. Ginsberg hat unrecht und ist mißgünstig.

Ein ehrlicher Kämpfer. Keiner, der mit System kämpft oder dabei betrügt. Eigensinnig. Setzt neue Anfänge in den Seelen, in die er eingedrungen ist. Drängt Schriftsteller, beispielsweise mich, eine stärkere Wahrheit zu entwickeln; strahlt aus. Es ist großartig, hier über ihn schreiben zu dürfen. Er legt sich selbst frei. Er gibt seine eigene Schwäche ehrlich zu, so daß andere ihn nicht tiefer entlarven können, als er es selbst getan hat. Hervorragende, ganz hervorragende Verteidigung. Er liegt dauernd und von allen Seiten unter Beschuß, und er gedeiht dabei. Wir sind alle hinter der größten Wahrheit her. Wir alle jagen hinter dem geistigen Frieden her. Wir sind alle ohne inneres Glück. Nicht viel an Übereinstimmung. Und von jenen, die vorgeben, die größtmögliche Übereinstimmung in ihrem Leben erreicht zu haben, von denen weiß ich aus eigener Erfahrung, daß sie die größten Lügner sind. Meditatoren und Yogis – alles Quatsch. Ihre Lügen ließen mich am liebsten aufgeben. Wahrheiten von Dichtern wie Bukowski geben uns am meisten Hoffnung. Ich schreibe hier die Wahrheit über einen großen Mann. Wenigstens habe ich das bis jetzt gemacht. Ich respektiere meinen Feind. Der tatsächliche Feind der Kunst ist in allen von uns. Dieser Hitler in jedem von uns. Verbrennt und zensiert, was wir nicht in der Lage waren, an Schöpferischem zu schaffen. Es besteht kein Zweifel, die Hitler der Zukunft werden Bukowskis Bücher verbrennen.

Buk läßt sich nicht in ein Schema pressen... in eine Plastiktüte stecken... und zuschauen, wie er verknöchert. Er läßt sich nicht eingrenzen. Und er kann es nicht leiden, wenn man ihn kritisiert. Auf vielerlei Art und Weise ist er unreif – obwohl die Art und Weise, wie er unreif ist, Personifikationen menschlicher Fehler in Hinblick auf einen immerwährenden Idealzustand sind. Er hat nicht die scheinheilige Reife eines Bankiers, eines Senatoren oder eines Facharztes für Krebs- und Herzleiden. Er ist ein Arzt für den Geist und die Seele und für symbolische Freudenfeste, für Mut und Tiefe – ein Mann, der uns zwei Prozent von sich selbst in einer Zeit gibt, in der uns alle anderen weniger geben. Es gibt tote Männer – tote Frauen, die herumlaufen und uns das Leben aussaugen, statt uns davon etwas zu geben. Leute, die null Prozent von sich selbst geben. Leichen, die sich als Menschen zur Schau stellen, ihre Reihen sind endlos. Menschenfresser des Geistes. Bukowski ist Spender von Leben. Es ist alles so beschissen, daß ich kaum auf den Markt gehen kann, ohne Spiegelbilder dessen zu sehen, was ich an mir selbst verspotte... es kotzt mein Innerstes an... es zwingt mich, Gedichtzeilen zu füllen mit: Scheiße, Scheiße, Scheiße. Von allen Dichtern, die ich gelesen habe: Buk hat mir am meisten geholfen, meinen Horizont von der Sprache der Straße des 20. Jahrhunderts zu erweitern. Jetzt steht er in einer Reihe mit Artaud, Lautréamont, Blake, Lorca, Rimbaud, Anwari — die fallen mir so ein. In meinem Inneren. Als würden sie gleich an der Haustür erscheinen. Gottvater der literarischen Schöpfung. Grande der Dichtung. Der Mister Zwei-Prozent. Keiner ist größer. Wir müssen alle so entsetzlich weit gehen, bevor wir irgend etwas auch nur kurze Minuten spüren können, das sich wie Frieden anfühlt. Ich habe hier viel zu viel geschrieben. Ich hätte die Energie besser darauf verwenden sollen, einige kurze, verschlüsselte Gedichte zu verfassen, die meinen fleischlichen Mitmenschen nahegegangen wären. Ich bin die inneren, dunklen Ebenen unseres Gehirns, die sich artikulieren. Ich werde Bukowski in der Luft zerreißen, wenn dazu der geringste Anlaß besteht, und werde aufpassen, wie eure oberflächlichen Augen mein Unterfangen beurteilen werden. Ich schreibe für Bukowski. Er versteht mich. Er denkt nicht wie eine Rechenmaschine. Er denkt wie ein Meister. Zwei Prozent in leiblicher Gestalt. Ihn übertrifft keiner.

Steve Richmond, geboren 1941 in Los Angeles, lebt zurückgezogen in Santa Monica in Kalifornien. Die "Los Angeles Free Press" stufte ihn als den amerikanischen Dichter von heute ein, der zu unrecht am wenigsten beachtet würde.

Charles Bukowski

wenn man sich vorstellt, wie oft
alles schiefgeht
dann schaut man die wände an
und bleibt zu hause
die straßen sind nämlich
der gleiche alte film
und all die helden enden wie
der alte kinoheld:
fetter arsch, fettes gesicht und verstand
einer eidechse

kein wunder
daß manch kluger mensch lieber
einen 3000er besteigt
und dort oben sitzt und wartet
und sich von blättern beerentragender sträucher ernährt
als sich auf zwei ausgemergelten knien herumzuquälen
von denen feststeht, daß sie kein leben halten
und die in zwei von drei fällen
noch nicht einmal eine nacht bestand haben

bergsteigen ist hart
die wände sind dein freund
lerne deine wände kennen

was man uns da draußen gegeben hat
dessen werden selbst kinder
überdrüssig

halte dich an deine wände
die sind die wahrhaftigste liebe

baue dort, wo sonst keiner baut
das ist das einzige, was uns geblieben ist

Charles Bukowski

Hallo, A. D.

Ich begreife nicht, wie du den Hickhack mit deiner kleinen Literaturzeitschrift so lange ausgehalten hast, aber egal, ich weiß nicht mal, was schlimmer ist, diese Meute da in Frisco oder die sogenannte New Yorker Schule. Entschuldige die späte Antwort, aber so oft komme ich auch nicht mehr dazu, mein Postfach leerzumachen. Ich warte immer, bis sich die Post stapelt, und dann erledige ich alles in einem Aufwasch.

Es stimmt nicht, wie das Gerücht kursiert, daß ich mir einen Sportwagen gekauft haben soll; es handelt sich um einen 1979er BMW, und er hat jetzt den Platz des 64er Käfer in meinen Gedichten eingenommen. Mit dem Hauskauf ist das nicht so einfach; ich habe eine ziemliche Hypothek am Hals. Beide Anschaffungen sollten helfen, daß die Steuer nicht die ganzen Tantiemen aus Europa auffrißt. Das ist hier in Amerika so, wenn du das Geld nicht ausgibst, dann holen die es sich. Ich will mich nicht rausreden, daß ich mir ein Auto gekauft habe oder im eigenen Haus wohne. Dennoch werden das einige so verstehen, daß ich dabei bin mich selbst zu verraten; viele von denen sagen ja schon seit Jahren, daß ich dabei bin, mich selbst zu verraten, mich schon verraten habe. Wenn die ihrer Schreibmaschine genausoviel Aufmerksamkeit schenken würden wie meinem Selbst (oder dem Verrat an ihm), dann könnte es sein (?), daß sie einiges geschafft kriegten.

Wenn dir der Magen beim Trinken wie Feuer brennt, dann hast du mit Sicherheit ein Magengeschwür, aber das braucht nicht nur vom Trinken zu kommen. Die Ursache dafür kann eine von diesen schlechten Weibern sein oder die Art und Weise, wie du lebst. Wenn du weitertrinken mußt, und die meisten von uns müssen es, um über die Runden zu kommen, versuche immer einen Tag auszusetzen. Das bekommt dem Körper ausgezeichnet. Um gut über die trockenen Tage und Nächte zu kommen, versuch, ob dir ein bißchen Gras weiterhilft oder schau dir schlechte Sendungen im Fernsehen an oder mach irgendwas, das funktioniert. Und wenn es deinem Magen wirklich dreckig geht, schlag ein rohes Ei in ein Glas Bier, bevor du anfängst. Laß dir auch die harten Sachen aus dem Leib. Weißwein ist am besten. Wenn du weniger rauchen willst, dann dreh dir die Zigaretten selbst. Und weiter, wenn du zwölf Freunde hast, werde sechs los. Wenn es zwei sind, werd einen los. Ist es einer, dann ist das dein Bier. Ich hab keinen. Nun, ich bin ich.

Du hast eine Menge Arbeit mit dem NEA gehabt, aber ich hab das Zeug verlegt. Wenn ich es wiederfinde, schicke ich's dir. Wenn du meinst, daß das eine Gruppe voll Inzucht und Eigennutz ist, dann weißt du doch, wie das mit den Guggenheims ist. Wenn dein Arsch nicht mit akademischem Moos zugewachsen ist, ist es genauso, als würde deine Großmutter Miß Amerika werden wollen.

Alles Gute zum 44sten. Komm am 12. Januar. Und A.D., sieh zu, daß du aus dieser Tretmühle mit deiner Literaturzeitschrift rauskommst, bevor du dir das letzte Gramm Leben aus dem Arsch gequetscht hast.

Charles Bukowski

mache dir nichts aus absagen, mann
die haben mich hart gemacht
eine ziemliche zeitlang
in verschiedenen formen

manchmal macht man den Fehler
das falsche gedicht hinzuschicken
ich mache häufiger den fehler
es überhaupt geschrieben zu haben

aber ich spiele lieber in jedem rennen mit
selbst wenn das pferd morgens früh
am totalisator

30 zu eins
vorgewettet wird

ich denke mehr und mehr über den
tod nach

das alter

krücken

lehnstühle

wie ich hochgestochene gedichte schreibe
mit klecksender feder

während die jungen mädchen mit mündern
wie barrakudas
und körpern wie zitronenbäume
und körpern wie wolken
und körpern wie strahlen aus blitzendem eis
nicht mehr an meiner tür klingeln

und nicht an deiner tür
und nicht an unseren türen

und statt dessen die straße weiter entlanggehen
wo alles erst in wirklichkeit anfängt

mache dir nichts aus absagen, mann

ich habe gestern abend 25 zigaretten geraucht
und das mit dem bier kannst du dir ja denken

nur einmal hat das telefon geklingelt
falsch verbunden

Neeli Cherry

Hank

Mit Bukowski kann man verflucht gut an kalten Winterabenden zusammensitzen und einen trinken... Draußen regnet es, und man hat keine Ahnung, wann der Regen aufhört... oder im Sommer, Gluthitze, die Fenster sind auf, Hemden ausgezogen, der Schweiß tropft überall runter... eine gekühlte Dose "Millers" in jeder Hand...

Wir erzählen einander Geschichten und wir tratschen... wir tun die Meister im Schwergewicht zum alten Eisen... auf Wiedersehen Hemingway, lebe wohl Fitzgerald... und wir lachen und wir diskutieren und wir gehen in die Küche und holen uns noch ein Bier...

Bukowski wohnte ein paar Jahre in der De Longpre Avenue... Er zahlte da $ 95 Miete im Monat... Wohnzimmer, Küche, Schlafzimmer... die meisten seiner Bücher hatte er im Schlafzimmer, in vier wackeligen Regalen... Schon ein erster Blick auf die Bücher reicht aus, um eine Vorstellung davon zu kriegen, wie viel er geschrieben hat und noch schreiben wird...

Also egal, man kann verflucht gut mit ihm einen trinken, mit ihm diskutieren, mit ihm lachen... und ich würde sagen, seine Gedichte und Short Stories zählen heute mit zu den besten hierzulande... ich bin froh, daß ich kein Literaturkritiker bin... Aber dennoch behaupte ich, und ich bitte deswegen um Entschuldigung, daß Bukowskis Stärke auf seiner Fähigkeit beruht, ein Gedicht zu schreiben, ohne es

mit der herkömmlichen Poetik vollzupacken, ohne bestrebt zu sein, den Dichter rauszukehren... William Corrington schrieb einmal in einem Vorwort zu der Gedichtsammlung von Bukowski "It Catches My Heart In Its Hands": "Wie gesprochene Sprache aufs Papier genagelt..." irgendwas so in der Richtung, ich zitiere ihn wahrscheinlich nicht wörtlich, aber so war es dem Sinn nach... Wenn ich Bukowski lese, habe ich das Gefühl, daß er mit mir spricht...
Es gibt Leute, die sagen: "Bukowski kann nicht schreiben, weil er eine Schau abzieht... Säuft eine Menge Schnaps, fickt jede, die in Sichtweite kommt, usw., usw." Mir ist egal, wie ein Schriftsteller lebt... Mich interessiert, was er in einem Gedicht, einer Short Story, einem Roman mitzuteilen hat... egal, wie auch immer er sich aufführt. Wenn ich nun einmal prinzipiell gegen die Staatsgewalt bin, bedeutet das andererseits nicht, daß ich nur das Werk von jemandem mag, der die gleiche politische Einstellung hat... Nein, verdammt noch mal, es ist das Werk selbst, auf das es ankommt. Früher habe ich oft Gedichte im "New Yorker", im "Harpers" und "The Atlantic Monthly" gelesen... "Die sagen mir überhaupt nichts", das war es, was ich dabei gedacht habe. "Da steckt keine Kraft dahinter... Die sind zu weit weg von dem, was mich bewegt..." Die Gedichte hatten in ihrer Gespreiztheit nichts mit der Sprache zu tun, die ich spreche... Englisch... Ich war sechzehn und schrieb seit rund einem Jahr Gedichte... Ich traf einen Typen, der Bukowski kannte, und er gab mir einen Gedichtband, "Longshot Poems For Broke Players" (Willy Shoemaker gewidmet) – Ich las die Gedichte, und die sagten mir sehr viel... Das ist jetzt 13 Jahre her, und ich bin noch immer genauso verrückt nach Gedichten von Bukowski wie damals... Gedichte scheinen auf einmal nicht mehr dieser stumpfsinnige und langweilige Garten voll trüber, pastellfarbener Blumen zu sein... mit Teetassen aus Porzellan

im Hintergrund und Kammermusik und Skulpturen von Alexander Hamilton...
   Ich ging damals zur High School, und ich zeigte Buks Gedichte meinen Englischlehrern... die gefielen denen nicht... das überzeugte mich noch mehr von ihrem Wert...
   Im Laufe der Jahre lernte ich dann Bukowski kennen... Er wurde Hank, und ich blieb Neeli... Drei und vier Tage dauernde Sauftouren, schluckten außerdem Bennies (= Benzedrine) wie Bonbons... rauchten Dope, schmissen LSD... fuhren wie der Henker durch Hollywood um zwei Uhr morgens... Das waren verrückte Zeiten... einiges davon kann man in der Sammlung von Bukowski nachlesen, Titel: "Exhibitions, Ejaculations, and Other Forms of General Madness" (Hergott, wie habe ich den Titel mißverstanden)... Erschienen ist das Buch bei "City Ligths"... Viele dieser Stories habe ich miterlebt... Aber entscheidend ist, daß sie gut geschrieben sind, klar, kurz und in einer Sprache, die ich verstehen kann... Ich bin der Ansicht, Hank fühlt wie ein Straßendichter... nicht wie die Knaben von der Universität (und das ist ein Unterschied)... Im allgemeinen versinken die akademischen Schriftsteller in Konventionen... bis schließlich alles Blut raus, alles Fleisch weg ist... nur noch eine schwache, kaum vernehmbare Folge von Lauten...
   An der soziologischen Dichtungstheorie ist etwas Wahres dran... wie man heranwächst, in welcher Umwelt, wie man zum Schreiben kommt. — Es gibt Schriftsteller, die schreiben ihre Gedichte für eine spezielle Leserschaft oder die schreiben das, was einer bestimmten Gruppe mit Sicherheit gefallen wird... Bukowski schreibt aus einem ehrlichen Antrieb... Er fühlt sich kaum jemandem gegenüber verantwortlich... Genaugenommen keinem gegenüber... Deshalb braucht er sich auch nicht darum zu kümmern, ob er jemanden beleidigen wird... Aber jetzt fange ich ja schon an, wie ein Literaturkritiker zu klingen...

Bukowski schrieb weiter Bücher: "Crucifix in a Deathland", "Confessions of a Man Insane Enough to Live with Beasts", "Cold Dogs in the Courtyard", "The Days Run Away Like Wild Horses Over the Hills", "Post Office" (ein Roman), "Mockinbird Wish me Luck"... Die Liste erhebt keinen Anspruch auf Vollständigkeit, aber diese Titel fallen mir so ein... Und ich bin froh, daß ich ihn damals getroffen habe... Er hat mir geholfen, ehrlich zu bleiben, und er hat mir die Kraft gegeben, den Universitäten zu widerstehen... Ich habe nie begreifen können, wie jemand bewußt Arzt, Apotheker oder Buchhalter wird... Ich habe mich immer so gefühlt, als sei ich Außenseiter — als gehöre ich irgendwie nicht dazu... Das gleiche empfand ich bei Bukowski...
Also, hinter den Gedichten, den Stories... Der Mensch... Der Freund, mit dem ich ab und zu einen trinke... Er rief mich oft um drei Uhr morgens an: "He, du, dieser Scheißladen von Post macht mich ganz kaputt... ich hab die Schnauze voll... mir stinkt alles... warum kommst du nicht'n bißchen rüber..." Und ich fuhr dann immer rüber zu seiner Wohnung und blieb ein paar Tage da... Bukowski hatte schon früh rausgekriegt, was für ein Scheißspiel das Leben ist... Die meisten Männer finden das erst raus, wenn es schon zu spät ist... Männer, die das früh rausgekriegt haben, zerstören später gewöhnlich (wenn sie ein bißchen Mumm in den Knochen haben) den halben Planeten oder arbeiten in schlechtbezahlten, miesen Jobs... wie zum Beispiel als Briefsortierer im Terminal Annex Post Office, im Zentrum von Los Angeles, was auch Bukowski gemacht hat.

Also, zwölf Jahre... kenne ich C. B. jetzt. Ich war sechzehn, jetzt bin ich 28 und Bukowski 54...
Ich muß einkaufen gehen und 54 Zigarren zu seinem Geburtstag besorgen... Letztes Mal, als ich ihm Zigarren

kaufte, wurde er 51, und er behauptet, daß ich 50 davon geraucht habe.
Quatsch.
Und vielen Dank.

Neeli Cherry (= Cherkovski) wurde 1945 geboren. Statt Rabbi zu werden, machte er in der Bewegung gegen den Vietnamkrieg mit. Ende der 60er Jahre gab er zusammen mit Bukowski die Zeitschrift "Laugh Literary & Man The Humping Gungs" heraus. Er lebt jetzt in San Francisco.

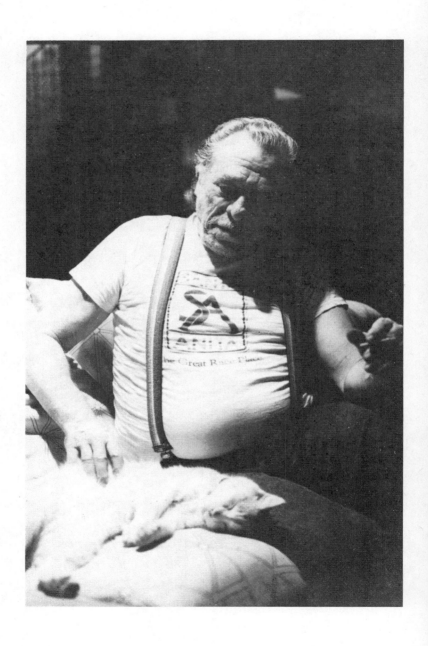

Charles Bukowski

manchmal muß man auf andere gedanken kommen:
eine gabel mit einer verbogenen zinke
eine düsenmaschine, die von Detroit im anflug ist
die vernunft des telefons
die reparatur der toilette

gegen den strom
man muß manchmal auf andere gedanken kommen
wie:

wie viele flaschen bier sind noch da?
ist mein blutdruck in ordnung?
brauche ich neue reifen für meinen wagen?
sollte ich nicht nach San Diego ziehen?
sollte ich mir nicht eine höhensonne kaufen?
sollte ich mir nicht eine lebensgroße puppe
zulegen mit einer vibromuschi, komplett mit
akku und einem schalter für
fernbedienung?

gegen den strom
man muß manchmal auf andere gedanken kommen:

die liebespuppe Susie kostet $ 29.95
die liebespuppe Janie gibt es für $ 49.95
die liebespuppe Babette gibt es für $ 59.95

Babette hat außer der elektronischen vagina
noch finger, die vibrieren und sich in jede richtung
biegen lassen können

gegen den strom:
das ist's, was ich brauche:
etwas mit fingern, die
sich bewegen

Charles Bukowski

Cass war die jünste und schönste von 5 Schwestern. Cass war die schönste Frau in der ganzen Stadt. Sie war zur einen Hälfte Indianerin und hatte einen seltsam geschmeidigen Körper, einen Körper wie eine Schlange und einen feurigen Körper mit genauso feurigen Augen. Cass war flüssiges Feuer in Bewegung. Sie war wie ein Geist, den man irgendwo eingesperrt hatte und den es darin nicht hielt. Sie hatte lange schwarze, seidige Haare, die sich mit ihrem Körper bewegten und mit ihm herumwirbelten. Sie hatte entweder sehr gute oder sehr schlechte Laune. Dazwischen gab es für Cass nichts. Einige meinten, sie sei verrückt. Aber das behaupteten nur die langweiligen Typen. Diese Typen würden Cass nie verstehen. Den Männern erschien sie einfach als Sexmaschine, und denen war es egal, ob sie nun verrückt war oder nicht. Und Cass tanzte und flirtete, küßte die Männer, aber bis auf die ein, zwei Ausnahmen, wo es dann eben passiert war, hatte sich Cass da immer irgendwie rausgewunden und vor den Männern in Sicherheit gebracht.

Ihre Schwestern beschuldigten sie, ihre Schönheit zu mißbrauchen, nicht genug ihren Verstand zu benutzen, aber Cass besaß Verstand und Gefühl; sie malte, sie tanzte, sie sang, sie töpferte, und wenn es jemandem geistig oder körperlich nicht gut ging, dann war Cass sehr mitfühlend. Vom Verstand her war sie einfach ganz anders; vom Verstand her war sie einfach nicht praktisch veranlagt. Ihre Schwestern waren eifersüchtig auf sie, weil sie ihnen die Männer wegschnappte, und sie waren wütend auf sie, weil sie meinten, daß sie aus den Männern nicht alles herausholte. Es war so ihre Art, zu den weniger gutaussehenden Männern netter zu sein; die man allgemein für gutaussehend hielt, die gingen ihr auf den Geist. – "Nichts mit los", sagte sie. "Kein Saft drin. Die bilden sich sonstwas auf ihre kleinen hübschen Ohrläppchen und ihre markanten Nasenflügel ein ... Alles nur Äußerlichkeiten und nichts dahinter ..." Ihr Temperament ähnelte dem einer Irren; einige behaupteten, sie hätte das Temperament einer Irren.

Ihr Vater war am Suff gestorben, und ihre Mutter hatte sich auf und davon gemacht und die Mädchen sich selbst überlassen. Die Mädchen landeten dann bei einem Verwandten, der sie in ein Heim steckte. Das Heim war nicht gerade ideal gewesen, Cass hatte es da schlimmer getroffen als ihre Schwestern. Die Mädchen dort waren auf Cass eifersüchtig gewesen, und Cass hatte mit den meisten von ihnen eine Schlägerei gehabt. Ihr linker Arm war ganz voll Narben von Rasiermessern aus zwei Kämpfen, in denen man ihr ans Leder wollte. Auch über die linke Wange lief eine deutliche Narbe, aber diese Narbe beeinträchtigte ihre Schönheit nicht etwa, sie unterstrich sie sogar noch.

Ich habe sie in der West End Bar ein paar Tage nach ihrer Entlassung aus dem Heim getroffen. Da sie die jüngste war, war sie auch die letzte der Schwestern gewesen, die entlassen wurde. Sie kam einfach rein und setzte sich neben mich hin. Wahrscheinlich war ich der häßlichste Mann in der ganzen Stadt, und daran mag es wohl gelegen haben.

"Was zu trinken?" fragte ich.

"Klar. Warum nicht?"

Ich glaube nicht, daß es etwas Außergewöhnliches in unserer Unterhaltung an diesem Abend gegeben hat, es lag einfach an dem Gefühl, das sie mir gab. Mich hatte sie sich ausgesucht, und so einfach war das. Ohne daß ich da nachgeholfen hatte. Die Drinks schmeckten ihr, und sie trank eine ganze Menge. Sie schien zwar noch nicht alt genug zu sein, daran störte sich aber keiner. Vielleicht hatte sie auch ihren Personalausweis gefälscht, ich weiß es nicht. Egal, jedes Mal, wenn sie von der Toilette zurückkam und sich neben mich hinsetzte, kam ich mir so richtig stolz vor. Sie war nicht nur die schönste Frau in der ganzen Stadt, sondern darüber hinaus auch eine der schönsten Frauen, die ich je gesehen hatte. Ich legte meinen Arm um ihre Hüfte und küßte sie einmal.

"Findest du, daß ich hübsch bin?" fragte sie.

"Ja, bestimmt, aber da ist noch was anderes... es ist nicht nur dein Aussehen ..."

"Die Leute werfen mir immer vor, daß ich hübsch bin. Glaubst du wirklich, daß ich hübsch bin?"

"Hübsch ist nicht das richtige Wort, das trifft die Sache nicht." Cass langte in ihre Handtasche. Ich dachte, sie suchte ein Taschentuch. Sie zog eine lange Hutnadel hervor. Ehe ich sie davon abhalten konnte, hatte sie sich diese lange Hutnadel durch die Nase gesteckt, quer hindurch genau oberhalb der Nasenlöcher. Ekel und Entsetzen packte mich.

Sie sah mich an und lachte.

"Na, glaubst du noch immer, daß ich hübsch bin? Na, was sagst du jetzt, Mann?"

Ich zog ihr die Hutnadel raus und drückte mein Taschentuch an die Wunde. Einige andere Gäste sowie der Wirt hatten das alles mitgekriegt. Der Wirt kam zu uns rüber.

"Paß mal auf", sagte er zu Cass, "machst du das noch mal, fliegst du raus. Wir können hier auf deine Schau verzichten."

"Ach, leck mich am Arsch, Mann!" sagte sie.

"Sorgen Sie dafür, daß sie vernünftig bleibt", sagte der Wirt zu mir.

"Ja, sie ist jetzt wieder vernünftig", sagte ich.
"Ist aber *meine* Nase", sagte Cass, "ich kann mit meiner Nase machen, was ich will."
"Nein", sagte ich, "das tut mir weh."
"Also, du meinst, es tut dir weh, wenn ich mir eine Nadel durch die Nase stecke?"
"Ja, das stimmt. Wirklich."
"Also gut, dann mach ich das nicht mehr. Sei wieder lustig."

Sie gab mir einen Kuß, grinste sogar dabei und hielt das Taschentuch gegen die Nase. Als die Bar zumachte, fuhren wir zu mir. Ich hatte noch ein paar Flaschen Bier im Haus, und wir saßen da und unterhielten uns. Dabei fand ich heraus, daß sie voller Freundlichkeit und Verständnis war. Sie gab sich selbst dem anderen hin, ohne es zu merken. Zur gleichen Zeit aber verfiel sie wieder in einen Zustand von Wildheit und Zusammenhanglosigkeit. Idi. Ein schöner und geistiger *Idi*. Wahrscheinlich würde sie ein Mann oder irgend etwas anderes für immer ruinieren. Hoffentlich würde nicht ich das sein.

Wir gingen ins Bett, und als ich das Licht ausgemacht hatte, fragte Cass mich:
"Wann willst du es haben? Jetzt oder morgen früh?"
"Morgen früh", sagte ich und drehte mich um.

Am anderen Morgen stand ich auf und kochte Kaffee und brachte ihn ihr ans Bett. Sie lachte.
"Du bist der erste Mann, den ich getroffen habe, der es nachts nicht machen wollte."
"Alles klar", sagte ich, "wir können es auch ganz lassen."
"Nein, so nicht, ich will es jetzt haben. Ich mach mich nur ein bißchen frisch."

Cass ging ins Badezimmer. Kurz danach kam sie raus und sah ganz phantastisch aus, ihre langen Haare glänzten, ihre Augen und ihre Lippen glänzten, *sie selbst* glänzte ... Sie bot ihren Körper ruhig dar, wie eine gute Sache. Sie

kroch zu mir unter die Decke.
"Dann los, du Liebhaber."
Ich legte los.
Sie küßte mit Hingabe, aber ohne Hast. Ich ließ meine Hände über ihren Körper wandern, durch ihre Haare. Ich legte mich auf sie. Es war warm, und eng. Ich fing an, mich langsam auf und ab zu bewegen, ich wollte jetzt auch kommen. Ihre Augen schauten genau in meine.
"Wie heißt du?" fragte ich sie.
"Ist doch scheißegal", antwortete sie.
Ich lachte und machte weiter. Danach zog sie sich an, und ich brachte sie zur Bar zurück. Aber ich mußte immer an sie denken. Ich hatte keine Arbeit und schlief bis um zwei Uhr, stand dann auf und las die Zeitung. Ich war in der Badewanne, als sie mit einem großen Blatt reinkam — einem Riesenfarn.
"Das hab ich mir gedacht, daß du in der Wanne bist", sagte sie, "deswegen hab ich dir auch was mitgebracht, mit dem du dein Ding da zudecken kannst, du Nackedei."
Der Riesenfarn segelte auf mich in der Wanne herab.
"Woher hast du gewußt, daß ich in der Wanne bin?"
"Wußte ich eben."
Fast jeden Tag kam Cass danach zu mir, und immer genau dann, wenn ich in der Badewanne lag. Das geschah zwar immer zu unterschiedlichen Zeiten, aber sie vertat sich selten, und auch der Riesenfarn fehlte nie. Und dann liebten wir uns.
Ein- oder zweimal rief sie nachts an, und ich mußte sie gegen Kaution aus dem Gefängnis rausholen, weil sie betrunken gewesen war und eine Schlägerei angefangen hatte.
"Diese Arschlöcher", sagte sie, "nur weil sie einem einen ausgeben, meinen sie schon, sie könnten einem in die Hose gehen."
"Wer sich einen ausgeben läßt, muß sehen, wie er mit dem danach fertig wird."

"Ich hab gedacht, sie würden sich für *mich* interessieren, nicht nur für meinen Körper."

"Ich interessiere mich für dich *und* für deinen Körper. Ich habe da allerdings so meine Zweifel, ob die meisten Männer nicht nur deinen Körper sehen."

Dann verließ ich die Stadt für sechs Monate, gammelte so herum, kam wieder. Cass hatte ich nicht vergessen, aber wir hatten so eine Art Krach gehabt, und ich hatte sowieso weggewollt, und als ich wiederkam, nahm ich an, daß sie nicht mehr dasein würde, aber ich hatte gerade eine halbe Stunde in der West End Bar gesessen, als sie reinkam und sich neben mich setzte.

"Na, du Scheißkerl, bist also wieder da."

Ich bestellte ihr was zu trinken. Dann schaute ich sie mir an. Sie hatte ein hochgeschlossenes Kleid an. In so einem Kleid hatte ich sie früher nie gesehen. Unter jedem Auge hatte sie zwei Nadeln mit Glasköpfen reingesteckt. Alles, was von den Nadeln rausschaute, waren deren Glasköpfe, die Nadeln selbst steckten ganz im Fleisch drin.

"Was soll die Scheiße? Versuchst also immer noch, deine Schönheit kaputtzumachen, oder?"

"Nein, das trägt man jetzt so, du Affe."

"Du bist verrückt."

"Ich hab Sehnsucht nach dir gehabt."

"Ist da sonst noch jemand?"

"Nein, da ist sonst keiner. Nur du. Aber ich geh jetzt anschaffen. Kostet zehn Mäuse. Aber für dich mach's ich umsonst."

"Zieh die Nadeln da raus."

"Nein, das trägt man jetzt so."

"Ich kann das aber nicht leiden."

"Wirklich nicht?"

"Verdammt! Wirklich nicht."

Cass zog die Nadeln langsam heraus und steckte sie in ihr Portemonnaie.

"Warum hast du immer Probleme mit deiner Schönheit?" fragte ich sie. "Warum lebst du nicht einfach damit?"

"Weil die andren meinen, das sei alles, was ich zu bieten hab. Schönheit ist nichts, Schönheit bleibt nicht. Du weißt gar nicht, wie glücklich du darüber sein kannst, daß du so häßlich bist. Wenn dich nämlich jemand mag, dann weißt du genau, daß das andere Gründe haben muß."

"Also gut", sagte ich, "Ich bin glücklich."

"Nicht ich mein, daß du häßlich bist. Nur, die Leute halten dich für häßlich. Mich fasziniert dein Gesicht."

"Vielen Dank."

Wir genehmigten uns noch einen.

"Was machst du jetzt so?" fragte sie.

"Nichts. Ich kann mich zu nichts durchringen. Hab einfach keinen Bock."

"Ich auch nicht. Wenn du ne Frau wärst, könntest du anschaffen gehen."

"Glaub kaum, daß mir das Spaß machen würde, mit so vielen Fremden so engen Kontakt zu haben. Das würde mich fertigmachen."

"Hast recht. Das macht einen fertig, alles macht einen fertig." Wir gingen zusammen raus. Auf der Straße starrten die Leute Cass immer noch an. Sie war immer noch eine schöne Frau, vielleicht noch schöner als je zuvor.

Wir fuhren zu mir, und ich machte eine Flasche Wein auf, und wir unterhielten uns. Wenn Cass und ich zusammen waren, lief die Unterhaltung immer ganz wie von selbst. Sie redete eine Zeitlang, und ich hörte ihr zu, und dann redete ich. Unsere Unterhaltung lief ganz locker, ohne jede Anstrengung. Es schien so, als würden wir zusammen Geheimnisse entdecken. Wenn wir auf ein besonders gutes stießen, dann fing Cass an zu lachen — so wie nur sie lachen konnte. Es war wie ein Lachen, das aus einem Feuer kam. Während der Unterhaltung küßten wir

uns und rückten eng aneinander. Wir wurden ganz schön scharf dabei und beschlossen, ins Bett zu gehen. Da zog Cass dann auch ihr hochgeschlossenes Kleid aus, und ich sah sie – jenen häßlichen Wulst von Narbe quer über dem Hals. Sie war lang und dick.
"Was für Scheiße, Mann", sagte ich vom Bett, "so eine Scheiße. Wast hast du gemacht?"
"Ich hab's mal irgendwann nachts mit ner kaputten Flasche probiert. Magst du mich jetzt nicht mehr? Bin ich immer noch schön?"
Ich zog sie aufs Bett runter und küßte sie. Sie stieß mich weg und sagte lachend:
"Ein paar von den Kerlen zahlen mir den Zehner, und dann zieh ich mich aus, und dann haben die keine Lust mehr dazu. Ich behalte den Zehner. Ganz schön lustig."
"Ja", sagte ich, "zum Totlachen ... Cass, du Miststück, ich liebe dich ... hör damit auf, dich selbst kaputtzumachen; du hast von allen Frauen, die mir je über den Weg gelaufen sind, am meisten Leben."
Wir küßten uns noch einmal. Cass weinte still vor sich hin. Ich spürte ihre Tränen. Ihre langen schwarzen Haare lagen neben mir wie eine Todesfahne. Ich steckte ihn rein, und wir liebten uns langsam und tief und wundervoll.
Am nächsten Morgen war Cass schon aufgestanden und machte Frühstück. Sie schien ganz ruhig und fröhlich zu sein. Sie sang vor sich hin. Ich blieb im Bett liegen und freute mich über ihre Fröhlichkeit. Schließlich kam sie rüber und schüttelte mich.
"Los, steh auf, du Penner. Kipp dir etwas kaltes Wasser ins Gesicht und über deinen Zapadeus, und dann wird gefuttert!"
Ich fuhr sie an diesem Tag zum Strand. Es war ein Wochentag und noch nicht Sommer, der Strand war also ziemlich verlassen. Oberhalb des Strandes selbst schliefen ein paar Strandpenner auf dem Rasen. Andere saßen auf

den Steinbänken rum und ließen eine einsame Flasche kreisen. Die Möwen wirbelten umher, sinnlos, aber beunruhigt. Ältere Damen so in den Siebzigern und Achtzigern saßen auf den Bänken und sprachen über den Verkauf von Immobilien, die ihnen ihre Männer hinterlassen hatten, die vor langer Zeit an dem Tempo und der Idiotie des Überlebens gestorben waren. Alles in allem: Frieden lag in der Luft, und wir sind herumspaziert und haben uns ins Gras gelegt und nicht viel miteinander gesprochen. Es tat einfach gut zusammenzusein. Ich kaufte ein paar belegte Brote, Kartoffelchips und etwas zu trinken, und wir setzten uns auf den Sand und aßen. Dann hielt ich Cass in meinen Armen, und wir haben so ungefähr eine Stunde lang geschlafen. Irgendwie war das besser als bumsen. Das war so ein Zusammenfließen ohne jede Anspannung. Als ich wach wurde, fuhren wir zu mir nach Hause zurück, und ich machte Mittagessen. Nach dem Mittagessen schlug ich Cass vor, zu mir zu ziehen. Sie ließ mit der Antwort eine ganze Zeit auf sich warten und schaute mich an, dann sagte sie langsam: "Nein." Ich brachte sie zur Bar zurück, bestellte ihr was zu trinken und ging raus. Am nächsten Tag fand ich einen Job als Packer in einer Fabrik, und den Rest der Woche arbeitete ich da. Ich war zu müde, um groß auszugehen, aber am folgenden Freitag bin ich wieder in die West End Bar gegangen. Ich suchte mir einen Platz und wartete auf Cass. Stunden vergingen. Als ich schon ziemlich voll war, sagte der Wirt zu mir:

"Tut mir leid, das mit ihrer Kleinen da."
"Was ist los?" fragte ich.
"Oh, Entschuldigung. Haben Sie das noch nicht gehört?"
"Nein."
"Selbstmord. Man hat sie gestern beerdigt."
"Beerdigt?" fragte ich. Es kam mir so vor, als würde sie jeden Augenblick zur Tür reinkommen. Wie konnte sie da tot sein?

"Ihre Schwestern haben das mit der Beerdigung erledigt."
"Ein Selbstmord? Können Sie mir sagen wie?"
"Hat sich die Kehle durchgeschnitten."
"Verstehe. Schütten Sie mir noch einen ein."
Ich trank weiter, bis sie zumachten. Cass, die schönste von 5 Schwestern, die schönste Frau in der ganzen Stadt. Ich schlug mich noch mit meinem Wagen bis nach Hause durch, und mir ging die ganze Zeit durch den Kopf, daß ich darauf hätte *bestehen* sollen, daß sie zu mir zieht, anstatt ihr "Nein" so hinzunehmen. Alles an ihr hatte darauf hingedeutet, daß es ihr damit ernst gewesen war. Ich war einfach zu gleichgültig damit umgesprungen, zu faul, zu teilnahmslos. Ich hatte meinen und ihren Tod verdient. Ich war ein Hund. Nein, warum die Hunde beleidigen? Ich stand auf und fand noch eine Flasche Wein und trank eine Menge davon. Cass, das schönste Mädchen in der ganzen Stadt, tot mit 20 Jahren. Draußen drückte jemand auf die Hupe. Sie war sehr laut und durchdringend. Ich setzte die Flasche ab und schrie: "VERDAMMTER SCHEISSKERL, HALT DIE SCHNAUZE!"

Die Nacht kam allmählich herein, und ich konnte nichts mehr machen.

John Kay

poststempel: Long Beach

dort in der spielzeugwarenabteilung
nicht in der bar zum 49er oder
im Olympic Auditorium, wo
sie mit kronenkorken
nach den ringern schnipsen (in einer etwas
weniger kosmischen situation
wie ich versichere)
sah ich
Gerald Locklin mit schwarzen
locken wie Apoll, die über den krötenrand
seiner brille baumelten
beim sparring mit Charles Bukowski
der hatte aber mehr interesse
daran, Gerry ein sweatshirt
zu verkaufen mit dem motiv
einer 10 x 15 cm großen briefmarke
hinten auf dem rücken
die an Mount Olympia erinnerte
bei Pennys in Lakewood
kann man sie jeden dienstag sehen
auf der zweiten etage, wie sie
oden und gegenoden singen
wenn sie heimlich den bohnengefüllten känguruhs
in die rippen boxen, wenn
Miss Zangenzunge

die abteilungsleiterin, nicht hinschaut
Gerry wollte sich nicht
von seinem Coors t-shirt trennen
um also einer regelrechten schlägerei aus dem weg zu gehen
kaufte ich mir eins
und zu meinem kummer
hielt mich am nächsten morgen
ein betrunkener briefträger an
vor einer ampel
als ich gerade hoch ins nördliche Utah kurvte
wo das t-shirt hergestellt worden war

John Kay ist der Herausgeber von "The Mag", die vierteljährlich in Long Beach in Kalifornien erscheint.

Gerald Locklin

Zwei Dichter

Dieser ehrwürdige Schriftsteller kam also dieses Frühjahr raus nach Long Beach. Was er las, hatte er unterteilt in: frühe Gedichte, späte Gedichte, Übersetzungen. Seine frühen Gedichte waren langweilig, und seine späten Gedichte waren fade. Da ich des Japanischen nicht mächtig bin, kann ich über die Genauigkeit der Übersetzungen nichts sagen... aber sie waren genauso ohne Leben wie seine eigenen Produkte.

Das Frage- und Antwortspiel war ein bißchen interessanter. Der Mann kannte eine Menge anderer Schriftsteller, die mehr Talent als er selbst besaßen, und er verfügte über einen riesigen Vorrat an Anekdoten. Es sprach für ihn, so empfand ich es, daß er auf die Fragen einging. Nur wenigen Dichtern ist es möglich, sich selbst einzugestehen, daß ihre Kenntnisse über die Welt der Literatur wohl interessanter sind als ihre eigenen Werke.

Dann fragte jemand den Schriftsteller, was er von Charles Bukowski hielt. "Ich kenne Bukowski nicht persönlich", antwortete er, "aber ich habe sein Werk natürlich gelesen. Ich weiß auch nicht... das kommt mir bei ihm alles so schrecklich einfach vor: wir ficken... sie hat ihre Tage... die scheißt ins Bett..."

Die Menge amüsierte sich köstlich darüber. Das war wohl der Höhepunkt des Abends gewesen. Die meisten der Leute da waren jung, viele von ihnen waren erklärte Anhänger von Bukowski, viele von ihnen kannten außer dem, was sie sich von Bukowskis Werk angelesen hatten oder von dem, was man Bukowski-Schule nennen mag, nur wenig an Gedichten sonst. Aber sie mußten über die Nachäffungen des alten Mannes lachen, die waren zwar ungerecht, enthielten aber ein Körnchen Wahrheit. Die haben also auch über sich selbst gelacht.

Auf dem Weg zum Auto sagte ein ehemaliger Student von mir, der wußte, wie sehr ich Bukowski schätzte: "Bukowski... der... erledigt... weg vom Fenster." "Hör mal", antwortete ich ihm, "würdest du lieber einen Abend bei Bukowski absitzen oder noch so einen ertragen müssen wie den gerade?" "Geht klar", gab er zu, "1 : 0 für dich." Der springende Punkt ist, daß Bukowski einem auf den Wecker fallen kann und sein Werk wie seine Person sich beide als überflüssig und selbstverstärkend auseinanderentwickeln können, aber er ist fast immer vom Reich der Langeweile weit entfernt.

Als wir ihn beispielsweise letztes Mal hier zu einer Lesung in Long Beach hatten, da konnte er einem wirklich auf den Wecker fallen. Die Lesung am Mittag war kein Problem — wir hatten auf dem Weg dahin nur Zeit für ein paar Bier — aber am Nachmittag stürzten wir dann in die Bar zum Forty-Niner, wo sich der gute Bukowski dann so um 4 Uhr zu seinem Doppelgänger gemausert hatte: ganz das widerspenstige, angeberische und auf seine Art verrückte Genie. In diesem Zustand mag Bukowski zwar ein interessantes Objekt für einen außenstehenden Beobachter sein, nicht aber für jemanden, der halbwegs dafür mitverantwortlich ist, daß er seinen Hintern in eine ziemlich konservative Uni rein- und wieder rausbewegt.

Die Lesung am Abend verdiente kaum noch die Bezeichnung Lesung, zumal Bukowski zu diesem Zeitpunkt kaum noch reden konnte, ganz zu schweigen davon, daß er das Gedruckte auf dem Papier nicht mehr zu entziffern in der

Lage war. Wenn er sich nicht an Gedichten versuchte, prahlte er mit seiner Thermosflasche rum, ermunterte und beleidigte Fragesteller von einem Augenblick zum nächsten und führte die Weltpremiere eines einsilbigen "Melancholy Baby" auf, wobei er die ganze Zeit auf dem Podium wie eine surreale Karikatur von George Putman vor- und zurückschaukelte. Ich saß weiter hinten, lachte trotz allem und leierte einen Rosenkranz nach dem anderen runter, daß er nicht von der Bühne stürzen und sich das Genick brechen möge. "Lieber Gott", betete ich, "laß ihn sich selbst umbringen, wenn er das schon will — aber nicht hier auf meinem Terrain." Die Lesung sollte ursprünglich 2 Stunden dauern. Meine Gebete wurden erhört — als seine Thermosflasche leer war, hörte er nach einer Stunde auf.

Einige der Studenten meinten, er habe die Uni betrogen, aber das ist Quatsch, wir haben für Bukowski gezahlt, und wir haben Bukowski bekommen, den Buk aus den Stories und Gedichten, den scheißechten Buk. Er gab sogar noch eine kostenlose Nachlesung, als wir anschließend wieder in den "Niner" einfielen, garniert mit spanischen Tanzeinlagen, Sturzflügen in den Dreck und weiteren Schimpfkanonaden gegen seine jungen Verehrer. Das letzte, was ich in jener Nacht von ihm gehört habe, war, daß er darauf bestand, mit dem Wagen nach Hause zu fahren. Ich hätte ihn nicht davon abgehalten, selbst wenn er sich zu Fuß auf der 605 auf den Weg gemacht hätte.

Wir haben ihn also in diesem Frühjahr nicht zur Uni eingeladen — wir hatten statt dessen diesen ehrwürdigen Schriftsteller hier. Und wir haben rausgefunden, daß Langeweile für die Nerven noch schlechter ist als Bukowski. Ich nehme an, wir werden ihm bald wieder eine Einladung schicken, mal wieder zu uns zu kommen. Im Verhältnis zwischen Bukowskis Ego und seiner Kunst mag so manches nicht stimmen, aber er ist immer noch der einzige Spitzenmann hier bei uns.

Gerald Locklin wurde auf den Tag 235 Jahre nach Benjamin Franklin geboren. Er ist Professor an der California State University, geistiger Vater unzähliger Stories und Gedichte und zudem stolzer Vater von sechs Kindern. Sein Band "Poop" (Stories und Gedichte) erschien 1980 im MaroVerlag.

Charles Bukowski

der rotschopf

ich bin nach Redondo Beach gefahren, um sie zu treffen
sie hat dort ein rohkostrestaurant
und ich bin ein- oder zweimal daran vorbeigefahren
und dann bin ich in eine bar gegangen und habe zwei
                                wodka getrunken
für einen dienstagnachmittag um viertel vor vier war es da
unglaublich voll: vierzig leute waren da in der bar
und alle plätze besetzt
weder die unterhaltung noch der barkeeper oder
die drinks schienen der grund für das volle lokal zu sein
ich stand in der nähe des telefons und trank
meine wodkas
dann fuhr ich wieder runter zum rohkostrestaurant
sie war da drin – ich hatte sie mal kurz in einer bar
                                getroffen
telefonnummer und adresse und so – und ich war mir gar
nicht sicher, wie sie aussehen würde
aber sie war da drin
hinter *ihrem* tresen
schenkte möhrensaft und apfelsaft und
verschiedene andere säfte aus
und machte komische brote mit kleingehacktem
grünzeug und einem gelben mischmasch
drin
sie sah gut aus – lange rotblonde haare

sie sprach mit allen leuten
meistens burschen in braunen kurzen hosen
mit kurzen schnurrbärten und
glatten feriengesichtern...
schmächtige, stumme, verzweifelte körper und seelen
die da herumsaßen und bereit waren, an geduld jeden zu
                                                übertreffen

als sie das restaurant zugemacht hatte
fuhr ich mit ihr nach hause
ich folgte ihrem VW kombi
in meinem VW käfer

am folgenden morgen ging sie zur arbeit
ich habe ihre post nicht gelesen und auch ihre schmutzige
wäsche nicht gestreichelt, dennoch habe ich gekackt und
gebadet und mich angezogen und das bett angeschaut
und beschlossen, es nicht zu machen
kann ja sein, danach, daß sie gerne daran erinnert werden
wollte —
deswegen

ich schloß die tür hinter mir und ging
den mantel über der schulter, der vermieter
in der wohnung oben drüber musterte mich...
er dachte bei sich, ein neuer, heh?

sie verspricht mir, mich gesund zu machen
und natürlich lacht sie, wenn sie das
sagt
am meisten mag ich die farbe ihrer
haare
sie haben sich noch nicht entschieden, ob sie rot
oder blond sind. hast du schon mal so eine getroffen?

frauenhaare, sieht so aus, als komme
ich da nicht drüber hinweg. ich werde wieder
hinfahren und die haare anschauen. jetzt muß ich schnell
weg nach Phoenix, mit dem flugzeug

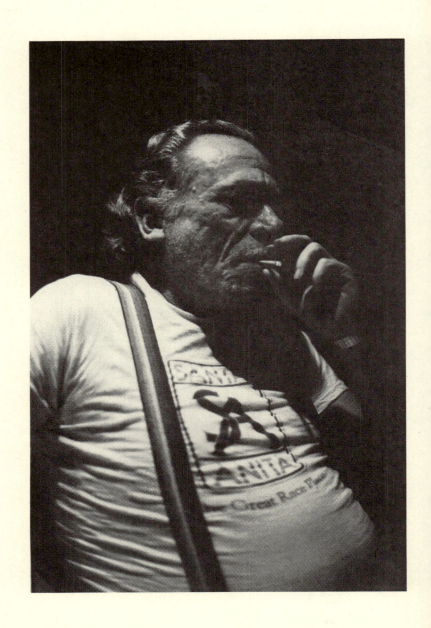

Charles Bukowski

melancholie und der rotschopf

die geschichte der melancholie
betrifft uns alle
einige häufiger als andere

also ich, ich winde mich in schmutzigen laken
und starre die blauen wände an
und das nichts

ich habe mich so an die melancholie gewöhnt
daß
ich sie fast wie einen alten freund
begrüße

ich werde jetzt in den nächsten 15 minuten
dem verlust des rotschopfs nachtrauern
so lasse ich die götter wissen

das mache ich dann auch, und mir geht es gar nicht gut
bin ziemlich traurig
dann scheine ich mich wieder aufzurichten
G E L Ä U T E R T
obwohl kein problem
gelöst ist

das ist die strafe dafür, daß ich
dem katholischen glauben in den arsch getreten habe

ich hätte lieber dem rotschopf in den arsch
treten sollen
wo sie ihr gehirn hat und womit
sie ihre brötchen verdient
da ...

aber nein, ich war über alles
traurig:
der verlust des rotschopfs war nur noch ein
weiteres klicken und knallen in einem gehirn
längst abgestumpft gegenüber farben und schicksal ...

ich höre jetzt trommeln im radio zu
und grinse

bei mir stimmt was nicht
außer der
melancholie

Jerry Kamstra

Das Erstaunliche an Bukowski ist, man mag ihn, obwohl er so ist, wie er ist. Wer solch harte Zeiten hinter sich hat, wem so oft der Kopf gebrummt hat, wer so oft Helfer wie Hilfloser war und so viele Sechserpacks Schlitz gekauft und so vielen Dichtern ein Vorwort für ihr Buch geschrieben hat, wer so viel Spaß gehabt hat und mit wem sich so viele Votzen einen Spaß erlaubt haben, wer so lange Zeit in so vielen miesen Jobs geschuftet hat und immer noch da ist, um uns davon zu erzählen, zumal in solch schludriger, humorvoller, herzerfrischender, aufrichtiger Erzählweise, der muß schon liebenswert sein, selbst wenn man ihn als Person haßt.

Bukowskis Sammlung von Kurzgeschichten — ich wage sie mal so zu nennen — trägt den Titel "Erections, Ejaculations, Exhibitions & General Tales of Ordinary Madness" mit einigem Recht. Die Tatsache, daß sie ebenso die aufrichtigsten, geradlinigsten, aufklärerischsten und bedeutendsten Geschichten genannt werden können, die in diesem Land in den letzten paar Jahrzehnten veröffentlicht worden sind, ist deshalb bei dieser Frage weder von Bedeutung, noch widerspricht sie ihr. Außer seinen Attakken auf den Geist sind die meisten anderen Stories von Charles Bukowski geplatzte Bofiste, Fingerübungen eines Oberschülers, die wenig mit der Realität zu tun haben. Bukowski hat sich seine Geschichten aus den eigenen eitrigen Eingeweiden gezogen, sie zwischen Saufgelagen im Delirium Tremens und alkoholbedingten Wahnvorstellungen aufs Papier geschmissen und ihnen den Stempel jener besonderen Verrücktheit von Los Angeles aufgedrückt, die so viele Nichtsahnende in das Netz der Westküste gelockt hat und sie zu sozialen Härtefällen macht. Bukowski ist durch und durch Los Angeles. Nicht im abwertenden Sinn der Leute aus San Francisco, aber in der verrückten, aufregenden, energiegeladenen, rasenden, elektrischen Bedeutung dieser ganzen Atmosphäre mit ihrer Neonkultur. Seine Geschichten sind wie harte, klare Diamanten, die zwischen den Freeways und billigen Hotels funkeln; Steine, von denen man meint, sie seien falsch, weil das Licht, das sie reflektieren, so hell ist.

Falsch sind sie nicht. Mir kommen schon Bedenken dabei, auch nur zu versuchen, ein Bild von Bukowski für den Leser zu entwerfen, aus Furcht, es könnte falsch sein. Dieser Mann selbst ist so radikal ehrlich, daß viele seiner Stories nicht leicht zu ertragen sind. Im Hin und Her zwischen Besoffenen, Kotzereien, Hämorrhoiden, Körpertreffern, Schwelgereien in Dichtung und Schweinkram wird so mancher Leser abgestoßen, fängt angewidert oder gelangweilt zu stöhnen an und fragt sich, wie jemand nur so leben kann. Wie eigentlich? Auf die Tour mit den billigen Hotels und den Sechserpacks als Zeiteinheit? Die Tour mit den Schlangen von Arbeitslosen und dem Gerumpel auf Lkws um 4 Uhr morgens auf dem Weg zur Obsternte? Die Tour mit abgetakelten Frauen, die nicht wissen wohin, und Männern, die sie nirgendwohin mitnehmen können? Die Tour mit Vergewaltigungen und Morden und Schlägereien und weiteren Besoffenen und Krankenhausaufenthalten? Die Tour mit Gelegenheitsarbeiten und ohne jede Arbeit und mit harter Arbeit und trauriger Arbeit? Die Tour, die Miete auf der Rennbahn reinzukriegen, beim Wetten auf Außenseiter, die keine Chance haben?

Bukowski ist zwanzig Jahre bei der Post als Sklave verkümmert und hat nebenbei Gedichte und Prosa geschrieben. Dann hat er zehn Jahre mit dem Schreiben aufgehört und wäre fast an akutem Alkoholismus gestorben, danach hat er wieder mit dem Schreiben angefangen und wurde einer der am meisten beachteten Untergrunddichter Amerikas. Sein Werk wurde in viele Sprachen übersetzt und ist überall auf der Welt bei Leuten gefragt, die sich von Begabung und Menschlichkeit beeindrucken lassen. Bis Lawrence Ferlinghetti Bukowskis Sammlung von Short Stories rausbrachte, hat kein Mensch Bukowskis Prosa angerührt, außer vielleicht den Untergrundzeitschriften und "Evergreen Review" und den Pornoherausgebern von Los Angeles. Viele Leute rühren sie auch heute noch nicht an, weil sie die Wirklichkeit so klar wie ein Diamant widerspiegeln, das Leben am Rande der Gesellschaft, das Leben als ein Klumpen Schleim und noch schlimmer, allen etablierten Schreibern und Institutionen und sonstigen besorgten Hütern der Literatur ins Gesicht gerotzt, die sich weigern, jemandem zu glauben oder zu vertrauen, der sich nicht an ihren harmlosen, sterilen Exkrementen gelabt hat. Bukowski ist einer der herausragenden Schriftsteller in Amerika, der bedeutendste Schreiber von Short Stories seit Hemingway, und Leute der schreibenden Zunft sollten die Gelegenheit nicht versäumen, sein Werk zu probieren.

Jerry Kamstra ist Schriftsteller und lebt in San Francisco. Er hat den Roman "The Frisco Kid" geschrieben.

Charles Bukowski

bei den steigenden mieten
wohnen die armen leute hier draußen
die leute, die stütze oder fürsorge kriegen
die mit den großen familien und den miesen jobs
und die komischen einsamen männer
mit ihren renten
die auf den tod warten

hier draußen mitten zwischen den massagesalons
mit dem smog und der müdigkeit
sehen selbst die hunde
gutmütig und verloren aus
sie bellen nicht
jagen keine katzen
und die katzen gehen die einfahrten
auf und ab
und fangen nie einen vogel
aber es gibt hier vögel bei uns —
nur sehen kann man sie nicht
nur hören
irgendwann
um halb vier morgens früh
nachdem die letzte vom straßenstrich
abgesahnt hat

die mieten steigen auch hier
aber im vergleich mit woanders
wohnen wir umsonst
mit so welchen wie uns
will nämlich keiner zusammenleben
von uns hat keiner ein neues auto
die meisten von uns gehen zu fuß
und scheren sich nicht darum
wer neuer präsident wird

aber hier gibt es auch männer, die ihre frauen verprügeln
genau wie anderswo
und solche, die ihre kinder verprügeln
genau wie anderswo
und perverse
und fernsehgeräte
genau wie anderswo

und wir werden sterben
genau wie anderswo
nur ein bißchen früher, und wir trinken
genau wie anderswo
nur ist unser zeug etwas billiger
und lügen tun wir auch
genau wie anderswo
nur fehlt es uns ein bißchen
an erfindungsreichtum

und wenn selbst die vom straßenstrich bei uns
nicht so gut aussehen wie anderswo deren frauen
meine ich, unsere katzen und vögel und hunde sind besser
und von der miete
ganz zu schweigen

Harold Norse

am schlimmsten für ihn ist, wenn du zu ihm sagst:
  ich mag dich

er macht all das, was ein richtiger mann machen sollte:

geht zum pferderennen
gewinnt beim würfeln
macht sich über schwule lustig
über frauen
über vegetarier
bibliothekare
dichter
säuft sechserpacks
wird betrunken
und gemein

oh mann, was für ein großartiger schriftsteller!
was für ein gerissenes, scheinheiliges arschloch!
was für ein leidendes, pockennarbiges, knurrendes,
                                    geschlagenes
          GENIE!

schüttel deine faust
gegen den alten drachen oben im himmel!

tritt allen auf die füße! sei hart!
                    GENIE!

wirf ihm eine orchidee hin
                    da!
er wird darauf scheißen

dieser meuchelmörder
fleischschlepper
knochenhacker
schäbige schlächter
er wird dir ins gesicht kotzen
über deine schmerzen lachen
und über seine eigenen

da die menschheit aus einer ziemlich dummen und
                    langweiligen mehrheit besteht
(das stimmt ganz genau)
ist die menschheit eine verschwörung
von langeweile
aber er ist eine verschwörung von
                    GENIE!

ich sage: beachtet ihn nicht, um gottes willen
beachtet ihn nicht
schreibt nie mehr etwas über ihn
in den kleinen zeitschriften
das läßt ihn nur geifern
das schandmaul
gegen die, die ihm wohlgesinnt sind

er ist so eine art Majakowski von Los Angeles
als ob dort einer von nöten wäre
polternd, auffällig, unverschämt
gegen sich selbst allergisch

und gegen andere
unförmige masse verfaulenden fleisches
schwarz von verwesung
wie der alte landesteg in Venice
überzogen mit muscheln und warzen der rauhen
                                          wirklichkeit
kurz vor dem zusammenbruch

ach, beachtet ihn nicht
nie wird er jemanden akzeptieren
er wird jeden verraten
ihn anpissen
ihn herabsetzen und zerstören
                    plop!
mit seinen schielenden, feigen, engen, mißtrauischen
                                          schweineaugen
an seinen blutenden hämorrhoiden wird er herumzerren
                        mit seinen kleinen dreckigen fingern
diese winzigen hände an einem gorilla
sie verstümmeln
kasteien
zerstückeln

ein mann mit einem gesicht voller mondkrater in
                                          nahaufnahme

er schreibt gedichte über selbstmitleid
haß
ekel
selbstmord
und am schlimmsten für ihn ist, wenn du zu ihm
sagst
   ich
      mag
         dich

Harold Norse lebt in San Francisco. Bei "City Lights" ist ein Gedichtband mit dem Titel "Hotel Nirvana" von ihm erschienen. Außerdem hat er Belli übersetzt, zu diesem Buch schrieb W. C. Williams das Vorwort. Sein Cut-up-Roman Beat Hotel erschien 1975 im MaroVerlag in deutscher Übersetzung, erst 1983 in den USA.

16/7/1973

Ich glaube, was mit Hal passiert ist, ist einfach so: er hat unheimlichen Wert auf Poetik gelegt und weiterhin darauf, wie ein guter Dichter zu sein hat. Ein guter Dichter weiß selbst nie, was er ist; er ist eine Münze, die hochkant steht; das aber ist doch nichts Heiliges. Es ist ein Job. Genau wie den Fußboden in einer Kneipe aufwischen. Ich kann noch nicht mal allzu sehr gegen ihn wettern; ich nehme an, daß das für ihn sehr wohl Sinn ergibt, so wie er sich die Dinge vorgestellt hat. Wer will da richten?

(aus einem Brief von Bukowski an A. D. Winans)

Charles Bukowski

gelbliche hunde streunen herum
während sich Van Gogh einen
runterholt

mädchen wie löcher ziehen sich
strümpfe an
mit strumpfbändern
während sich Van Gogh einen
runterholt
auf dem feld

ungeküßt, und
schlimmer, und
besser

ich treffe ihn auf der straße
"wie geht's van?"

"keine ahnung, mann", sagt er
und geht weiter

ein farbtupfer
und noch ein wesen
schwindelig von liebe

sagt
läuft nichts
ich will hier weg

jetzt schauen sie sich seine bilder an
und lieben ihn

für diese art von liebe
hat er es richtig gemacht

eine andere art, die er nicht bekam
darüber wußte er selbst am besten bescheid

Charles Bukowski

Die ersten drei Monate meiner Ehe mit Sarah waren in Ordnung, aber ich würde sagen, daß kurz danach unsere Schwierigkeiten begannen. Sie war eine gute Köchin, und ich habe zum ersten Mal, seit Jahren wieder, gut gegessen. Ich fing an zuzunehmen. Und Sarah fing an, Bemerkungen zu machen.
"Henry, du siehst aus wie ein Truthahn. Sie werden jetzt gemästet fürs Erntedankfest."
"Stimmt Baby", sagte ich.
Ich arbeitete im Versand in einem Lager für Autoersatzteile, und die Bezahlung war kaum ausreichend. Meine einzigen Freuden waren Essen, Biertrinken und mit Sarah ins Bett gehen. Nicht unbedingt ein erfülltes Leben, aber ein Mann mußte sich nehmen, was er kriegen konnte. Und Sarah war mehr als genug. Man konnte sie mit einem Wort beschreiben: S - E - X. Kennegelernt hab ich sie auf einer Weihnachtsfeier im Betrieb, Sarah war da Sekretärin. Ich merkte, daß keiner der Typen auf dem Fest in ihre Nähe kam, und ich konnte das nicht verstehen. Ich hatte noch nie eine Frau gesehen, die so sexy aussah, und dumm schien sie auch nicht zu sein.
Ich ging zu ihr, und wir tranken und redeten. Sie war wunderschön. Doch da war etwas Seltsames in ihren Augen. Sie kuckten unentwegt in dich rein, ohne daß sich die Augenlider bewegten. Als sie zur Toilette war, setzte ich

mich rüber zu Harry, dem Lkw-Fahrer.

"Sag mal, Harry", fragte ich, "wie kommt es, daß sich keiner der Typen an Sarah ranmacht?"

"Sie ist eine Hexe, Mann, eine wirkliche Hexe. Gib dich nicht mit ihr ab."

"Es gibt keine Hexen, Harry. Das ist bewiesen. Man hat all diese Frauen damals auf den Scheiterhaufen verbrannt. Das war ein grausamer und scheußlicher Fehler. Es gibt keine Hexen."

"Naja, vielleicht haben sie viele unschuldige Frauen verbrannt, weiß ich nicht. Aber diese Hure ist eine Hexe. Glaub mir."

"Alles, was sie braucht, Harry, ist Verständnis."

"Alles, was sie braucht", sagte Harry, "ist ein Opfer."

"Woher willst du das wissen?"

"Tatsachen", sagte Harry. "Zwei Typen hier: Manny, ein Verkäufer, und Lincoln, ein Angestellter."

"Was ist passiert?"

"Sie sind einfach vor unseren Augen verschwunden, ganz langsam, du konntest sehen, wie sie verschwunden sind..."

"Was meinst du?"

"Ich will nicht darüber reden. Du würdest mich für verrückt halten."

Harry ging weg. Dann kam Sarah von der Toilette wieder. Sie sah wunderschön aus.

"Was hat Harry dir von mir erzählt?" fragte sie.

"Woher weißt du, daß ich mit Harry geredet hab?"

"Ich weiß es", sagte sie.

"Er hat nicht viel erzählt."

"Was immer er gesagt hat, vergiß es. Es ist erlogen. Ich laß ihn nicht an mich ran, und er ist eifersüchtig. Er zieht gern über Leute her."

"Harry's Meinung ist mir egal", sagte ich.

"Wir beide werden es schaffen, Henry", sagte sie.

Nach der Feier ist sie mit mir zu meiner Wohnung gekommen, und ich sage euch, ich bin noch nie so bearbeitet worden. Sie war die Frau aller Frauen. Nach einem Monat oder so waren wir schon verheiratet. Sie hat ihren Job sofort gekündigt, aber ich habe nichts gesagt, weil ich so froh war, sie zu haben. Sie nähte sich die Kleider selbst, frisierte sich selbst die Haare. Sie war eine bemerkenswerte Frau. Sehr bemerkenswert. Aber wie ich schon sagte, nach ungefähr drei Monaten fing sie mit diesen Bemerkungen an. Sie verspottete mich richtig. Eines nachts kam ich nach Hause, und sie sagte,
"Zieh deine verdammten Klamotten aus!"
"Was, mein Schatz?"
"Du hast gehört, was ich gesagt habe, du Saftsack! Zieh dich aus!" So hatte ich Sarah noch nie erlebt. Ich zog meine Socken und die Unterwäsche aus und schmiß sie auf die Couch. Sie starrte mich an.
"Schrecklich", sagte sie, "so viel Scheiße auf einmal."
"Was, Liebes?"
"Ich sagte, du siehst aus wie eine große Tube mit Scheiße."
"Sag mal Liebling, was ist los heute abend? Suchst du Streit?"
"Halt's Maul! Kuck dir das Zeug doch an, das dir an den Seiten runterhängt!"
Sie hatte recht. Da schien auf jeder Seite, genau über meinen Hüften, etwas Fett zu sein. Dann ballte sie ihre Fäuste und boxte mir mehrere Male in jede Seite.
"Wir müssen die Scheiße verhauen. Das Fettgewebe auflösen und die Zellen..."
Sie schlug mich wieder — mehrere Male.
"Aua, Baby! Das tut weh!!"
"Sehr gut! Jetzt bist du dran!"
"Was, mich selber schlagen?"
"Na los, du Affe!"

Ich schlug mich selbst, mehrere Male, ziemlich hart sogar. Als ich fertig war, waren die Dinger immer noch da, nun allerdings ziemlich rot.

"Wir werden die Scheiße von dir runterkriegen", sagte sie. Ich dachte mir, sie tut es aus Liebe, und entschloß mich mitzumachen. Sarah begann, meine Kalorien zu zählen. Sie nahm mir mein fritiertes Essen, Brot, Kartoffeln und Salatsoße weg, doch ich behielt mein Bier. Ich mußte ihr zeigen, wer im Haus die Hosen anhatte.

"Nein, verdammt nochmal", sagte ich, "ich werde nicht mein Bier aufgeben. Ich liebe dich sehr, aber das Bier bleibt."

"Na gut", sagte Sarah, "wir werden es auch so schaffen."

"Werden was schaffen?"

"Na, die Scheiße von dir runterzukriegen. Dich auf ein vernünftiges Format zu bringen."

"Und was ist ein vernünftiges Format?" fragte ich.

"Das wirst du schon sehen."

Jede Nacht, wenn ich nach Hause kam, stellte sie mir die gleiche Frage.

"Hast du heute schon deine Seiten geboxt?"

"Ja, zum Himmel nochmal!"

"Wie oft?"

"400 Schläge – harte Schläge in jede Seite."

Ich lief die Straßen runter und boxte mir in die Seiten. Die Leute gafften mir nach, aber nach einer Weile war es mir egal, weil ich wußte, daß ich etwas leistete, und sie nicht...

Es lief alles wunderbar. Ich kam von 101 Kilo auf 87. Dann von 87 auf 83. Die Leute sagten, ich sähe gut aus. Jeder, bis auf Harry, den Lkw-Fahrer. Natürlich war er nur eifersüchtig, weil er nie unter Sarahs Schlüpfer gekommen war. Sein Pech. Eines Abends stand ich auf der Waage und war runter auf 81. Ich sagte zu Sarah:

"Meinst du nicht, daß wir weit genug runter sind? Kuck

mich an!" Die Dinger an meinen Seiten waren schon lange weg. Mein Bauch war eingefallen, und meine Wangen sahen aus, als ob ich sie einsaugen würde.

"Nach der Tabelle", sagte Sarah, "nach meiner Tabelle hast du das vernünftige Format noch nicht erreicht."

"Hör mal", sagte ich ihr, "ich bin 183 groß. Was ist da ein vernünftiges Gewicht?" Und dann hat Sarah mir eine etwas merkwürdige Antwort gegeben.

"Ich sagte nicht vernünftiges Gewicht, ich sagte, vernünftiges Format. Dies ist das neue Zeitalter, das Atomzeitalter, das Zeitalter des Weltraums und besonders wichtig, das Zeitalter der Überbevölkerung. Ich bin der Retter der Welt. Ich habe die Antwort zur Bevölkerungsexplosion. Laß andere an der Umweltverschmutzung arbeiten. Das Entscheidende ist, das Problem der Überbevölkerung zu lösen; das wird dann auch die Umweltverschmutzung und die anderen Dinge lösen."

"Wovon in aller Welt redest du?" fragte ich, während ich eine Flasche Bier aufmachte.

"Vergiß es", sagte sie, "du wirst es noch früh genug erfahren."

Dann merkte ich, wenn ich auf die Waage stieg, daß ich immer noch an Gewicht verlor, obwohl ich überhaupt nicht dünner wurde. Es war seltsam. Und dann sah ich, daß meine Hosen ein wenig auf meine Schuhe herabhingen und daß meine Ärmel ein bißchen auf das Handgelenk herabhingen. Als ich zur Arbeit fuhr, war mir, als ob das Steuer etwas weiter entfernt war als sonst. Ich mußte den Sitz um eine Kerbe weiter nach vorn ziehen. Eines Abends stellte ich mich auf die Waage.

70 Kilo.

"Kuck dir das an, Sarah."

"Was, Liebling?"

"Ich versteh das nicht."

"Was?"

"Ich scheine zu *schrumpfen*."
"Schrumpfen?"
"Ja, schrumpfen!"
"Oh, du Dummkopf! Das ist unmöglich! Wie kann ein Mensch schrumpfen? Glaubst du wirklich, daß durch deine Diät deine Knochen schrumpfen? Knochen können nicht einlaufen. Wenn du weniger Kalorien zu dir nimmst, verlierst du nur an Fett. Sei kein Idiot. Schrumpfen? Unmöglich!" Dann lachte sie.
"O. K." sagte ich, "komm her. Hier ist ein Bleistift. Nun werde ich mich an die Wand stellen. Meine Mutter hat das immer mit mir gemacht, als ich klein war und noch wuchs. Wenn du den Stift ganz gerade auf meinen Kopf legst, mußt du einen Strich genau da ziehen, wo der Stift die Wand berührt."
"Na gut, du dummer Kerl."
Sie zog einen Strich.
Eine Woche später war ich runter auf 59. Es ging immer schneller.
"Komm her, Sarah."
"Ja?"
"Zieh jetzt einen Strich."
Sie zog den Strich. Ich drehte mich um.
"Nun schau dir das an. Ich hab in der letzten Woche 22 Pfund und 20 Zentimeter verloren. Ich schmelze dahin. Ich bin jetzt 1.63 Meter groß. Das ist Wahnsinn. Heller Wahnsinn! Ich hab genug. Ich hab dich beobachtet, als du meine Hosenbeine und Ärmel kürzer gemacht hast. So geht's nicht weiter. Ich werd wieder anfangen zu essen. Ich glaube, du bist wirklich eine Hexe oder so was."
"Dummer Junge..."
Nicht lange darauf rief mich mein Chef in sein Büro. Ich kletterte auf den Stuhl gegenüber von seinem Schreibtisch.
"Henry Markson Jones II?"
"Ja, Sir?"

"*Sie* sind Henry Markson Jones II?"
"Natürlich, Sir."
"Nun, Jones, wir haben Sie in letzter Zeit beobachtet. Ich fürchte, Sie können Ihren Job nicht länger ausführen. Wir finden es schade, Sie so gehen sehn zu müssen... ich mein, wir finden es schade, Sie so gehen lassen zu müssen... aber..."
"Aber, Sir, ich tu mein Bestes."
"Das wissen wir doch, Jones, aber Sie leisten einfach keine ganze Arbeit mehr."
Er ließ mich gehen. Natürlich wußte ich, daß ich meine Arbeitslosenunterstützung bekommen würde. Aber trotzdem fand ich es ziemlich schäbig von ihm, mich so gehen zu lassen...
Ich blieb zu Hause bei Sarah. Das machte es nur noch schlimmer. Sie fütterte mich. Ich wurde so klein, daß ich noch nicht mal mehr die Kühlschranktür erreichen konnte. Und dann band sie mich an eine Silberkette. Bald war ich nur noch 61 Zentimeter groß. Ich brauchte ein Töpfchen zum Scheißen. Doch sie gab mir immer noch mein Bier, wie versprochen.
"Ach, mein kleines Mäuschen", sagte sie, "du bist so klein und niedlich!"
Sogar unser Liebesleben war beendet. Es war alles im gleichen Verhältnis eingelaufen. Ich bestieg sie, aber nach einer Weile nahm sie mich einfach weg und lachte.
"Eh, mein kleines Kerlchen, du hast es versucht."
"Ich bin kein Kerlchen. Ich bin ein Mann!"
"Ach mein kleines, süßes Männchen."
Sie nahm mich in die Hand und küßte mich mit ihren roten Lippen...
Sarah brachte mich auf gut fünfzehn Zentimeter runter. Zum Einkaufen trug sie mich in ihrer Handtasche. Durch die kleinen Luftlöcher, die sie da reingemacht hatte, konnte ich die Leute beobachten. Doch eins muß ich der Frau las-

sen, sie ließ mich immer noch mein Bier trinken. Ich trank es aus einem kleinen Fingerhut. Mit einem Liter kam ich einen Monat aus. In den alten Tagen brauchte ich nicht mal 45 Minuten dazu. Ich war ihr völlig ausgeliefert. Ich wußte, wenn sie wollte, könnte sie mich ganz verschwinden lassen. Gut fünfzehn Zentimeter ist besser als überhaupt nichts. Sogar ein kleines Leben wird dir teuer, wenn du weißt, daß es bald zu Ende gehen wird.

Also amüsierte ich Sarah. Das war alles, was ich tun konnte. Sie machte mir kleine Kleider und Schuhe, stellte mich aufs Radio, drehte die Musik auf und sagte:

"Tanz, mein Kleiner! Tanz, mein Dummkopf! Tanz, mein Verrückter!" Was soll's. Ich konnte meine Arbeitslosenunterstützung nicht holen, also tanzte ich auf dem Radio, während sie in die Hände klatschte und lachte.

Ich hab mich damals wahnsinnig vor Spinnen gefürchtet, und die Fliegen waren so groß wie riesige Adler, und wenn ich jemals von einer Katze gefangen worden wäre, hätte sie mich gefoltert wie eine kleine Maus. Aber das Leben war immer noch gut zu mir. Ich tanzte und sang und versuchte, irgendwie weiterzumachen. Es ist egal, wie wenig ein Mann hat, er wird immer feststellen, daß er mit noch weniger auskommen kann.

Wenn ich auf dem Teppisch schiß, wurde ich verhauen. Sarah hatte überall kleine Papierstückchen verteilt, auf denen ich scheißen mußte. Davon riß ich mir noch kleinere Stückchen ab, um mir den Hintern abzuwischen. Ich fühlte mich wie aus Pappe. Ich kriegte Hämorrhoiden. Konnte nachts nicht mehr schlafen. Bekam Minderwertigkeitskomplexe und fühlte mich gefangen. Paranoia? Ist ja auch egal. Solang ich sang und tanzte, fühlte ich mich wohl, und mein Bier durfte ich auch immer noch trinken. Aus irgend einem Grunde ließ Sarah mich nicht kleiner als gut fünfzehn Zentimeter werden. Den Grund begriff ich nicht. Genausowenig, wie ich alles andere begriff.

Ich hatte mir Lieder für Sarah ausgedacht, und genauso hab ich sie genannt: Lieder für Sarah:

"ich bin nur ein kleiner fritz
egal — nur wenn ich werde spitz
was steck ich ihr dann rein —
er ist wie'n streichholzkopf so klein!"

Sarah klatschte dann in die Hände und lachte.

"prima hat's der köter auf dem königlichen schoß
bei weitem besser geht es ihrem spitzel
nur gute fünfzehn zentimeter groß
er sieht beim pinkeln ihren kitzel..."

Und Sarah klatschte wieder in die Hände und lachte. Ich glaube, das war schon in Ordnung. Es mußte in Ordnung sein...

Doch eines Nachts passierte etwas ganz Ekliges. Ich sang und tanzte auf dem Radio, und Sarah lag nackend im Bett, klatschte in die Hände und trank Wein und lachte. Meine Show war sehr gut. Eine der besten. Aber das Radio wurde wie immer sehr heiß, und meine Füße fingen an zu brennen. Ich konnte es nicht mehr aushalten.
"Hör mal, Baby", sagte ich, "ich hab genug. Laß mich runter. Gib mir ein Bier. Keinen Wein. Du trinkst den billigsten Wein. Gib mir einen Fingerhut von dem guten Bier."
"Aber sicher, mein Schatz. Deine Show war sehr gut. Wenn Manny und Lincoln so gut gewesen wären wie du, wären sie heut noch... Doch sie haben weder gesungen noch getanzt. Sie haben nur gemeckert. Und das Schlimmste war, daß sie sich geweigert haben, den Schlußakt zu bringen."
"Und was ist das, der Schlußakt?"
"Trink erst mal dein Bier, mein Schatz, und ruh dich

aus. Ich möchte, daß du den Schlußakt genießt. Du hast offenbar viel mehr Talent als Manny und Lincoln. Ich glaube ganz bestimmt, daß wir den Höhepunkt der Gegensätze erreichen können."
"Na klar", sagte ich, während ich mein Bier austrank. "Gib mir noch ein Bier, und übrigens, was ist der Höhepunkt der Gegensätze?"
"Genieße dein Bier mein Süßer, du wirst es noch früh genug erfahren." Ich trank mein Bier aus, und dann passierte das Ekelhafte. Etwas sehr Ekelhaftes. Sarah nahm mich in die Hand und legte mich zwischen ihre gespreizten Beine. Ich befand mich in einem Wald von Haaren. Ich machte meinen Hals und Rücken steif, weil ich wußte, was nun kommen würde. Da lag ich eingequetscht in Dunkelheit und Gestank. Ich hörte Sarah stöhnen. Und dann begann sie, mich langsam hin und her zu bewegen. Wie ich schon sagte, war der Gestank unerträglich, und das Atmen fiel mir sehr schwer. Aber irgendwo war da noch Luft, einige Gänge und Ventile mit Sauerstoff. Manchmal stieß mein Kopf mit dem 'Mann im Boot' zusammen, immer dann stöhnte Sarah besonders tief.
Sie begann, mich schneller und schneller zu bewegen. Meine Haut fing an zu brennen, und ich konnte kaum noch atmen. Auch der Gestank wurde schlimmer. Ich hörte sie keuchen und dachte mir, je schneller ich die Sache hinter mich bringe, desto weniger muß ich ertragen. Immer wenn ich nach vorn gestoßen wurde, taten mir Rücken und Hals weh. Sie stieß mich ganz und gar in dieses sichelförmige Ding, und drinnen knallte ich mit dem 'Mann im Boot' zusammen. Plötzlich wurde ich aus dem schrecklichen Tunnel rausgerissen. Sarah hielt mich vor ihr Gesicht.
"Komm, du verdammtes, teuflisches Ding! Komm!" rief sie total berauscht von Wein und Leidenschaft. Ich wurde zurück in den Tunnel gestoßen und nun in rasender Geschwindigkeit wieder hin und her bewegt.

Doch dann auf einmal schaffte ich es, meine Lungen mit Luft zu füllen und mich ein wenig zu vergrößern. Dann hab ich Speichel im Mund gesammelt und ihn ausgespuckt – einmal, zweimal, dreimal, vier-, fünf-, sechsmal, dann hörte ich auf...
Der Gestank steigerte sich ins Unermeßliche, und dann endlich wurde ich rausgeholt. Sarah hielt mich ins Licht und knutschte mich von oben bis unten ab.
"Oh mein Schatz! Mein süßer kleiner Schwanz! Ich liebe dich!" Und wieder küßte sie mich mit ihren schrecklich rot angemalten Lippen. Mir kam das Kotzen.
Von Wein und Leidenschaft ohnmächtig legte sie mich dann auf ihren Busen. Dort ruhte ich mich aus und lauschte ihrem Herzschlag. Die verdammte Leine, diese Silberkette, hatte sie mir abgenommen. Aber das nützte mir auch nicht viel, denn frei war ich immer noch nicht. Eine ihrer gewaltigen Brüste war zur Seite gefallen, und ich schien genau auf ihrem Herzen zu liegen. Auf dem Herzen der Hexe. Wenn ich die Antwort zur Bevölkerungsexplosion bin, warum hat sie mich dann nicht für mehr als nur zur Unterhaltung gebraucht? Als sexuelles Spielzeug? Ich streckte mich aus und lauschte dem Herzen. Es stand für mich fest, sie war eine Hexe.
Dann kuckte ich nach oben, und wißt ihr, was ich da sah? Etwas sehr Interessantes. In der Ritze im Regal über dem Bett steckte eine Hutnadel. Ja, eine lange Hutnadel mit einem dieser runden lila Glasköpfe.
Ich krabbelte zwischen ihren Brüsten zu ihrem Hals hoch, kletterte dann aufs Kinn, was gar nicht so leicht war, und versuchte dann ganz vorsichtig, über ihre Lippen zu gehen. Sie bewegte sich ein wenig, und hätte ich mich nicht an einem Nasenloch festgehalten, wäre ich bestimmt runtergefallen.
Nun ging ich ganz langsam zum rechten Auge hoch – ihr Kopf lag etwas schräg zur linken Seite – und dann war ich

auf der Stirn, vorbei an der Schläfe, und ich stand auf den Haaren – es war nicht einfach, dort durchzukriechen.

Ich stand auf, streckte mich und schaffte es so gerade, die Hutnadel zu erreichen. Die Rückkehr war leichter, aber dafür gefährlicher. Ich hätte wegen der Hutnadel mehrere Male fast das Gleichgewicht verloren – ein Ausrutscher, und alles wär vorbei gewesen. Ich mußte einige Male lachen, weil das alles so lächerlich war. Das als letzten Witz bei einer Büroparty für die Jungs, frohe Weihnachten!

Ich war wieder unten angekommen und lag unter den gewaltigen Brüsten. Ich hatte die Nadel hingelegt und horchte wieder. Ich versuchte herauszufinden, wo genau der Herzschlag herkam. Ich entschied, daß es die Stelle genau unter dem kleinen braunen Muttermal war. Dann stand ich auf. Ich nahm die Hutnadel mit dem lila Glasknopf in die Hand – sie sah im Lampenschein wunderschön aus. Und ich dachte, werde ich es schaffen? Ich war gut fünfzehn Zentimeter groß, und die Nadel war mindestens eineinhalb mal so groß. Vierzig Zentimeter. Das Herz schien aber nicht so weit weg zu sein. Ich hob die Nadel und stieß zu. Genau unter das Muttermal. Sarah drehte und krümmte sich. Ich hielt an der Nadel fest. Fast hätte sie mich auf den Boden geworfen. Bei entsprechender Größe wären das 300 Meter oder mehr gewesen, und die hätten mich umgebracht. Doch ich hielt durch.

. Dann kam von ihren Lippen ein merkwürdiges Geräusch, und sie zitterte am ganzen Körper, als ob sie frieren würde. Ich streckte mich nochmal nach der Nadel und stieß die letzten zehn Zentimeter in ihre Brust, bis der wunderschöne lila Kopf ihre Haut berührte.

Dann war Sarah still. Ich horchte.

Ich hörte das Herz, eins zwei, eins zwei, eins zwei, eins zwei, eins zwei, eins... Dann stand es still.

Und ich griff mit meinen kleinen Killerhänden nach dem Bettlaken und rutschte runter auf den Boden. Ich war gut fünfzehn Zentimeter groß, wirklich verängstigt und hungrig. Im Fliegengitter vor dem Schlafzimmerfenster, das nach Osten raus lag, fand ich ein Loch. Von da aus konnte ich einen Zweig greifen und ins Innere des Busches kriechen. Es gab keinen außer mir, der wußte, daß Sarah tot war. Aber das half mir nicht viel. Wenn ich durchhalten wollte, mußte ich mir etwas zu essen besorgen. Ich mußte die ganze Zeit darüber nachdenken, wie mein Fall vor einem Gericht behandelt werden würde. War ich schuldig? Ich riß ein Blatt ab und versuchte, es zu essen. Schmeckte furchtbar. Dann sah ich im Hinterhof eine Dame, die Katzenfutter für ihre Katze rausstellte. Ich kroch aus dem Busch vor und schlich zu dem Futter. Ständig auf der Hut vor Tieren und irgendwelchen Bewegungen.

Es schmeckte schlimmer als alles, was ich jemals gegessen hatte. Aber mir blieb keine andere Wahl. Ich aß soviel, wie ich konnte. Der Tod schmeckte schlimmer. Dann ging ich zum Busch zurück. Da saß ich, gut fünfzehn Zentimeter groß, die Antwort zur Bevölkerungsexplosion, in einem Busch mit dem Bauch voller Katzenfutter. Da gab es noch ein paar Einzelheiten, mit denen ich euch nicht langweilen möchte. Auf der Flucht vor Katzen, Hunden und Ratten. Stück für Stück mich selbst wachsen sehen. Zukucken, als sie Sarahs Leiche rausbrachten. Da reingehen und feststellen müssen, daß ich immer noch zu klein bin, um die Kühlschranktür zu öffnen. Der Tag, an dem die Katze mich fast gefangen hätte, als ich aus ihrer Schüssel aß. Ich mußte fliehen.

Dann war ich zwanzig Zentimeter groß. Ich wuchs. Ich konnte sogar Tauben erschrecken. Wenn du Tauben erschrecken kannst, weißt du, daß es bergauf geht.

Eines Abends rannte ich die Straße runter, immer auf der Hut. Ich versteckte mich im Schatten der Gebäude und unter Hecken und dergleichen. Ich rannte und versteckte mich weiter, bis ich vor einem Supermarkt stand. Dort

hockte ich so lange unter einem Zeitungsstand genau vor dem Eingang, bis eine große Frau kam und sich die elektrische Tür öffnete. Ich lief hinter der Frau in den Laden rein:
"Was zum Teufel war das?"
"Was?" fragte ihn ein Kunde.
"Ich dachte, ich hätte was gesehen", sagte der Verkäufer.
"Vielleicht auch nicht. Ich hoffe nicht."
Irgendwie schaffte ich es, zum Lager zu schleichen, ohne gesehen zu werden. Ich versteckte mich hinter einem Karton mit Bohnen. In der Nacht habe ich gut gegessen. Kartoffelsalat, Gurken, Schinkenbrot, Kartoffelchips und Bier, sehr viel Bier. Es wurde schon fast zur Routine. Jeden Tag, den ganzen Tag über, versteckte ich mich im Lager, und nachts kam ich raus und feierte ein Fest. Doch ich wuchs, und das Verstecken wurde immer schwerer. Ich mußte auf den Geschäftsführer aufpassen, der jeden Abend kam und das Geld in den Safe legte. Er war der letzte, der ging. Ich versuchte, die Drehungen zu zählen, wenn er das Geld weglegte. Es schien 7 rechts, 6 links, 4 rechts, 6 links, 3 rechts und dann Öffnen zu sein. Jede Nacht ging ich zum Safe und probierte die Zahlen. Ich mußte aus leeren Kartons so eine Art Treppe machen, um die Kombination erreichen zu können. Es schien nicht zu klappen, aber ich gab nicht auf. Ich versuchte es jede Nacht. Währenddessen wuchs ich schnell. Ich war schon etwa einen Meter groß. In dem Laden gab es eine Abteilung für Kinderbekleidung. Doch ich brauchte immer größere Größen. Das Bevölkerungsproblem kam zurück.

Dann eines Nachts öffnete sich der Safe. Ich hatte dreiundzwanzigtausend Dollar in bar. Ich nahm den Schlüssel, den der Manager immer benutzte, um rauszugehen, ohne die Alarmanlage in Gang zu setzen. Dann lief ich die Straße runter und besorgte mir im Sunset Motel eine Unterkunft für eine Woche. Ich erzählte der Dame, daß ich als Zwerg beim Film arbeiten würde. Aber das schien sie überhaupt nicht zu interessieren. "Kein Fernsehen oder laute Geräusche nach 22 Uhr. Das ist Vorschrift hier." Sie nahm mein Geld — gab mir die Quittung und schloß die Tür. Auf dem Schlüssel stand Zimmer 103. Ich hatte es mir noch nicht mal angekuckt. Auf den Türen stand 98, 99, 100, 101. Ich lief in Richtung Norden, den Hollywood Hills entgegen. Und Gottes großes und goldenes Licht schien auf mich runter, während ich wuchs.

Hugh Fox

Was Bukowski wirklich für die US Lyrik getan hat und noch tut

Bukowski ist der Henry Miller der amerikanischen Lyrik, und in der Lyrik erfüllt er dieselbe Funktion wie Henry Miller in der Prosa. Die Frage ist, wie das Gelände erschlossen worden ist — sowohl von der Sprache her als auch von der thematischen Erfahrung. Wie ich es sehe, haben die Beats und Bukowski zur gleichen Zeit den Durchbruch geschafft, und die Beats haben x Quadratmeilen an Gelände geöffnet... aber da waren auch noch die Hindernisse von Tantra und Mantra im Wege, die der Drogenkultur, die Protestkultur, die Kultur der Blumenkinder. Bei Kerouac (ich denke an "Doctor Sax") ist das Problem diese große Schlange, bei John Clellon Holmes (ich denke an "The Horn") nicht in Pathos zu verfallen... und Ginsberg... da stellt sich bei mir das Bild ein, wie Ginsberg draußen im Hühnerhof die Hühner füttert und sie ruft: Puut, Puut, Puut...

So weit so gut. Bukowski ist der Vertreter einer heruntergekommenen, schäbigen, verfallenen, rostenden, verschwindenden, untergehenden amerikanischen Wirklichkeit, und das ist Amerika zum größten Teil.

Man vergißt das leicht. Als ich in Caracas war und die US Zeitungen und Filme sah und mich dann umdrehte und die heruntergekommenen Elendsviertel von Caracas vor mir hatte, dachte ich bei mir, Amerika, ja das sind rostfreie Stahlspitzen und Zähne von strahlendem Weiß... aber dann kam ich zurück nach Bukowskis L A (wo ich auch gewohnt habe), zurück nach Venice und zurück zu den Bars und zur Main Street und zu den Dirnen und zum Smog und zum Pferderennen... also, die ganze Sache siecht dahin, fällt zusammen, nicht mit Gewalt oder plötzlich. Der Niedergang und Untergang ist nicht wie der Roms durch die Goten — es ist ein rostender Tod.

William Carlos Williams hat Eliot beschuldigt (das trifft für Pound genauso zu), die U S Lyrik um fünfzig Jahre zurückgeworfen zu haben, indem er sie den Akademikern übergeben habe, den Denk- (und "Gefühls"- wie sinnig!) Kanonen. Dennoch gelang Williams selbst nie der Sprung in diese Rostwelt, obwohl er in "Paterson" ein weites Spektrum der Realität erschloß... eine Rostwelt, die sich vor der Tür der blassen, amerikanischen, kleinbürgerlichen Zufriedenheit auftut.

Als ich in L A wohnte, bin ich wenigstens einmal in der Woche ins Zentrum gefahren, oft sogar zwei- oder dreimal, nach Negerstadt / Japsenstadt / Chinastadt und Chicanostadt... ich habe es genannt: Rost im Namen einer größeren und noch größeren Wirklichkeit... aber für meine Mitprofessoren in Loyola — vergiß es — war es Vorortstadt, Westchester und Santa Monica, Manhattan Beach, El Segundo, Playa del Rey... sogar Whittier.

So ist das Mittelklassenamerika. Ich meine, die *wollen* weder die nichtgestriegelten Weißen noch die nichtgestriegelten Nichtweißen sehen... was sie sehen wollen, ist dieses Mädchen mit den strahlenden Zähnen, wie sie ihre Wände zum Strahlen bringt, wie sie für ihren strahlenden Ehemann Kuchen backt in ihrer strahlenden Strahlerwelt — und das ist dann auch *alles*.

Dazu Buk:

> ... schwarze schwachsinnige nacht
> du bist unter meinen fingernägeln
> in meinen ohren und in meinem mund
> drinnen in meinem arsch
> und wir stehen hier
> du und ich, ein riese und ein zwerg
> eingesperrt im durcheinander
> ("Imbecile Night" aus "Cold Dogs in the Courtyard")

Ein Riese und ein Zwerg eingesperrt im Durcheinander. Das drückt es so aus, wie es ist. Ich wage das zu behaupten, ich, dem der Rücken weh tut und dem der Kopf weh tut und dem die Schlaflosigkeit weh tut und dessen Hände geschwollen sind und von dem dreiundzwanzig unveröffentlichte Romane seit 15 Jahren in dieser fensterlosen Leichenhalle mit Namen New York Kloake rumgereicht werden, in der es den Tod per Registrierkasse gibt.

Vielleicht war Bukowski der erste wirkliche Traum des amerikanischen Alptraums. Vielleicht hätten wir anderen alle Jahre und Jahre und noch mehr gebraucht, um die Avon-Beraterin an der Tür als grünen, kotzenden Totenschädel zu sehen:

> ... überall ist
> nirgends
> sieht so aus
> daß der traum genauso schlecht ist wie
> pfannkuchen oder platte reifen ...
> ("The Blackbirds Are Rough Today" aus
> "Poems Written Before Jumping out of an 8 Story Window")

Bukowski hat etwas freigesetzt: Totale Sprache/Erfahrung. Für ihn bedeutet Totale Sprache das eine, alles wird zugedeckt durch *seinen* Erfahrungsbereich... aber dann hat er doch als Beispiel gewirkt, oder? Und was er mir mit diesem Beispiel gesagt hat – und ich vermute, einer Menge anderer Dichter ebenfalls – war, daß sie auch ihre Fähigkeiten im Bereich der Totalen Sprache/Erfahrung freisetzen sollten.

Nach der Erfahrung mit Bukowski (und einer Psychotherapie) fing ich an, über das zu schreiben, was in meinem eigenen Kopf und in meiner eigenen Welt vorgeht: Und diese Welt hatte eins mit Bukowski gemein: es war nicht die der Mittelklasse und "Sicherheit". Aber wenn man es wirklich auf das Wesentliche beschränkt, ist Buk *direkt*... irgendwie. Er ist ein direkter, dreckiger, alter Mann. Mit seiner Sauferei und seinen Weibern und den Tagen auf der Rennbahn. Mein Kopf war nun viel "kranker", viel weniger "direkt". Ich war psychisch viel mehr herumgestoßen worden als er, und ich fing an, darüber zu schreiben, wer *ich* war – unabhängig davon, wie man mich herumgestoßen hatte – genau in der Art, wie er über sich selbst schrieb.

Da gibt es noch was, auf das sich Buk direkt drauf zubewegt – Geld und Erfolg. Er ist jedermanns Freund, der geborene Verlierer, ein Wegbereiter, der Meister Schlemihl – aber hinter diesem Verlierersyndrom steht ein Prinzip: *Integrität ist wichtiger als Geld, und am wichtigsten ist, sich nie zu verkaufen – was auch immer passieren mag.*

Ich erinnere mich an das Gedicht, in dem dieser Zwerg da in der Bar herumläuft und jeden schlägt, ein Zwerg als Tyrann, und Buk kommt in die Bar rein, und der Zwerg schlägt auch ihn, und – ungeachtet der in dieser Bar geltenden Regeln – Buk schlägt zurück... und man schmeißt ihn raus. Also, Buk ist der Mann, der gegen die Masse antritt. Die Menge besteht aus Leuten des Kompromisses, aus Leuten, die sich verkauft haben.

In einem Gedicht mit dem Titel "Man in the Sun" (aus "Crucifix in a Deathland") beschreibt er das so:

manchmal muß man erst vier- oder fünftausend
leute töten, bevor man irgendwie
begreift, daß der spatz
unsterblich ist, daß geld für den arsch ist und
daß man seine zeit
vergeudet hat

Ist das nicht im Grunde mit anderen Worten das, was auch die Bergpredigt sagt?

Ich bin der Ansicht, einer der entscheidenden Gründe für Bukowskis Beliebtheit ist seine offene Haltung Fragen der Moral gegenüber. Es ist eine Moral gemischt aus Hemingway und Bogart, die Moral von der inneren Reinheit des Menschen, der hartgesottene Verlierer in einer grellen Scheißwelt, voll falschem Glanz, in einer kommerzialisierten Welt voll Bestechung, aber die Moral bleibt bestehen. Vielleicht ist das eine andere Botschaft, die ich da bei ihm gefunden habe, nicht nur das totale Ich auszuwerten, zu erkunden, zu erklären, sondern irgendwo innen in den Trümmern so eine Art Kodex oder einen Modus zu finden, mit dem man weiterleben kann. Vielleicht fand das bei mir in zwei Etappen statt, zunächst die Erkundung meines völlig verdrehten Ichs... und in den Trümmern drin dann ein paar Bretter und Stricke, aus denen sich ein Floß herstellen ließ, auf dem man segeln konnte.

Bukowski lehrt also einen Kodex, und es handelt sich um einen Kodex, der genau dem des Autoverkäufers (im Weißen Haus) widerspricht, dem Mythos vom schönen Leben. Der Mythos vom schönen Leben beinhaltet, daß alles, so wie es ist, in Ordnung ist, egal, wen man bombardiert oder warum, egal, ob es mit der Wirtschaft aufwärts oder abwärts geht, es ist alles in Ordnung so, egal, was die

Farbigen machen oder die Chicanos oder die degenerierte weiße Mittelklasse, es ist alles in Ordnung so...

Buks Kodex liest sich folgendermaßen: Es ist nicht in Ordnung so, wir sind vom Tod und von Arschlöchern umgeben, wir werden nie gewinnen können; was die meisten von uns tun können, ist, sie auf Distanz zu halten, eine kleine Atempause rauszuschinden, ein bißchen länger leben:

falten unter dem kinn
das so groß wie eine bettpfanne ist
akromegalie, divertikultitis, tabes
dorsalis
— — dein herz
          voll von
schlamm und schlägen und flüchen, und
liebe wird
sterben
liebe wird die bälle deines schlimmsten feindes
                            abwehren...

Und es wird noch schlimmer, und am schlimmsten ist es nach deinem dreckigen, stinkenden Tod, nach deiner Niederlage, nachdem man auf dich geschissen hat und du kaputt bist... was danach folgt, ist, daß es ohne dich weitergeht.

Buks Vorstellungen sind ganz und gar nihilistisch... und so müssen sie auch sein, denn bei all den schönen Konventionen, die die Nation und die Vaterlandsliebe und tapfer zu sterben und das Leben im Himmel und saubere Beerdigungsinstitute usw. betreffen, löst sich das Leben selbst auf in jene kurze, stinkende Spanne zwischen Geburt und Tod... und der Tod ist absolut endgültig.

Das sind die Vorstellungen, die Buk verkörpert. Nicht die von Jefferson, auch nicht die von Billy Graham... er scheint aus dem Kohlenkeller zu kommen oder aus einem Winter in Moskau... und das bringt uns wieder zu Leben und Tod zurück in E. Cleveland, oder? Levy in Cleveland träumte von Indien. Bukowski in Los Angeles hält seine Augen weit geöffnet, "berichtet", träumt nicht.

Ich bin allein jetzt, 41 Jahre alt, höre und sehe, wie es ist. Und Bukowski war mein Anti-Zen-Meister.

Hugh Fox ist Herausgeber von "Ghost Dance Magazine" und lehrt an der Michigan State University. Er ist bekannt durch viele Veröffentlichungen in zahllosen kleinen Literaturzeitschriften.

Guy Williams

Lieber Mr. Winans

27/1/1973

Lieber Mr. Winans,
ich hätte ja gerne irgend etwas über Bukowski für ihre Spezialausgabe geschrieben, die Sie erwähnt haben, aber ich finde, ich habe dem, was ich in meinem Brief an Lafe geschrieben habe, nichts Neues mehr hinzuzufügen. Was da steht, gilt noch immer, und das jetzt noch einmal aufzuarbeiten, wäre für mich wenig sinnvoll und reine Zeitverschwendung.
Wenn Sie den Brief abdrucken wollen, dann bitte im vollen Wortlaut und ohne ein Wort zu ändern. John Martin hatte mich schon gebeten, den Brief bei der Werbung für "Post Office" verwenden zu dürfen; das aber war, bevor ich das Buch gelesen hatte. Er veröffentliche dann meine Bemerkungen in einer Form, die die Aussage des ganzen Briefes entstellte. Wie Sie sehen, hat der Brief nichts mit "Post Office" zu tun, für mich das uninteressanteste Buch von Bukowski.
Dumm wie ich war, gestattete ich John, den Brief leicht zu verändern — das war vor der Drucklegung. "Post Office" ist kein Buch voller überwältigender Kraft. Das hat John Martin gesagt, aber nicht ich. Ich habe den Brief nicht geschrieben, um für Black Sparrow Bücher zu verkaufen.
Lafe ist Lafayette Young, ein Dichter und Buchhändler in San Diego. Er ist seit langem mein Freund und war eine Zeitlang Förderer von Bukowski. Lafe und Buk sind zu der

Lesung gekommen, um die es in dem Brief geht. Die Lesung fand statt in der Rembradt Hall im Pomona College, Abteilung für Künste, am 15. November 1970. Ich habe das damals arragniert und konnte für Bukowski $ 100 aus dem Haushalt für Malerei abzweigen.
Wenn Sie den Brief verwenden wollen, lassen Sie es mich bitte wissen. Und seien Sie bitte auch so nett, mir zwei oder drei Exemplare der Spezialausgabe zu schicken.

Guy Williams

11/8/1970

Lieber Lafe:
Zuerst war ich von der Bukowski-Lesung enttäuscht. Ich nehme an, ich hätte ihn lieber in der Rolle des "Melancholy Baby" gesehen wie in seinen frühen Gedichten, die mir immer noch am besten gefallen. Nach drei Tagen passierte dann folgendes: Mir ging die Szene nicht aus dem Kopf, wie Bukowski dort in der Rembrandt Hall hinter dem Podium stand mit all den Gedichten in der Faust, Blut und

Bauch voll Alkohol, und wie er uns durch seine Blicke zum
Schweigen brachte. Das vornehme Publikum, seine Verachtung und seine verletzende Härte hinter diesem zerstörten
Gesicht. Ein Gesicht aus einer anderen Zeit, von einem
anderen Ort, von einem anderen Gestirn. Wenn ich selbst
jetzt noch daran denke, dreht sich mir der Magen um, dann
tut er weh. Ich habe versucht, mit dem Kopf an ihn ranzukommen — ihn zu analysieren, zu beurteilen, ihn einzuordnen. Ich wollte sein Herausgeber sein, seine Gedichte Korrektur lesen, mit ihm auf geistiger Ebene verkehren — aber
ich habe mich geirrt. Er brachte mich dazu, mein Gefühl zu
benutzen. Hat mich mitgerissen mit seinem harten Rhythmus; hat mich gezwungen, Gefühl zu zeigen, echtes Gefühl;
es war wie so eine Art brutale Therapie durch die Wirklichkeit. Die Kraft dieses Mannes beruht auf seiner Unvollkommenheit, und in dieser Unvollkommenheit liegt eine überwältigende Kraft. Meine Reaktionen (Gefühle), als er seine
Gedichte las, nahmen folgenden Gang: Mitleid/Entsetzen/
Mißverständnis/Verärgerung/Amüsiertheit/Mißverständnis/
und so weiter. Die Verbindung von Mitleid und Entsetzen
ist natürlich die klassische Definition der Tragödie. Der
Anteil von Mißverständnis, die Unvollkommenheit, ist der
Ursprung der ganzen Kraft. Bukowskis Kunst. Kein anderer
Dichter hat mich je so verwirrt oder beeindruckt oder
gerührt.
Bukowski wettet beim Pferderennen, um den amerikanischen Traum zu gewinnen. Aber wie er uns am gleichen
Abend vor der Lesung gesagt hat: "Nach zwanzig Jahren
auf der Rennbahn steh ich mit $ 10.000 in der Kreide."
Genau wie wir anderen alle auch.
Bukowski, man entschuldige den Ausdruck, ist ein großer
Mann. Trink nen Orangensaft, Lafe, und bis dann,

                   Guy.

Charles Bukowski

leb wohl kleiner vogel mit den gestutzten flügeln

das also
ist die arena
für eine gewisse zeit
ist das die arena
und später kannst du auch
zur ruhe kommen, vielleicht

nun gut, einige gute sachen
hast du schon gezeigt
und sie erwarten mehr
in der arena
geht es um unterhaltung und
den sieg

es gab niederlagen
verwirrende niederlagen
in der arena
gibt es kein mitleid
dort gibt es nur sieg und
niederlage
lebendig oder tot

diese arena
ist weder gerecht noch gut noch häßlich

es gibt ein paar wege nach draußen
und man kann auch zur ruhe kommen
vielleicht

es gibt da ein paar halbe wege nach draußen
ein paar viertel wege nach draußen
aber man kommt nicht zur ruhe
letztlich

jede flucht auf zeit
fordert ihren zeitlichen preis
mit trinken oder der liebe oder drogen
kommt man nicht
über die runden

in dieser arena
streckt man die arme aus
schaut aus dem fenster
beobachtet katzen und blätter und schatten
denkt an frauen, die verschwunden sind, und an alte autos
Europa läuft einem den teppich rauf und runter
es ist normal, in dieser arena zu sterben

laß die schultern hängen, singe
bekannte melodien mit deinem letzten gedanken

Charles Bukowski

Er verprügelt die Frauen, mit denen er zusammenlebt

Paß auf, hier kommen oft Autoren her, und die klopfen dann an, meistens die Sorte schlechte Autoren, und an einen besonders schlechten Schriftsteller erinnere ich mich noch, der ist wütend geworden, nachdem er eine ganze Menge Bier getrunken hatte, und er hat gesagt: "Hör doch auf, Bukowski, du glaubst doch nicht im Ernst, daß wir den ganzen Scheiß glauben!" "Was für'n Scheiß?" fragte ich. "Den ganzen Scheiß da über dich, daß du von einem Job zum anderen herumflippst, und dann all die Weiber, und dann der Scheiß, daß du zehn Jahre nichts geschrieben hast und so gesoffen hast, daß du krankenhausreif warst und dir das Blut nur so aus dem Arsch und aus dem Maul rausgespritzt ist." Der Kleine war richtig wütend geworden. In seinem Leben war bisher nicht viel passiert, und er konnte nicht begreifen, daß das bei anderen Leuten eben anders war. Was kann ich dafür, daß die meisten Leute nicht ihr Leben und ihre schöpferische Kraft aufs Spiel setzen. Was dabei rauskommt, sind stumpfsinnige Literatur und stumpfsinnige Literaten.

Die Fabriken, die Schlachthöfe, die Lagerhäuser habe ich mir wirklich nicht ausgesucht, und andererseits habe ich sie mir ausgesucht, und das gleiche gilt für die Frauen und ebenfalls für das Trinken. Ja und nein. Das war eine Entwicklung, und es war eine begrenzte Entwicklung. Genauso verhielt es sich damit, den ganzen Tag und die ganze

Nacht in derselben Kneipe zu hocken, Besorgungen für ein Butterbrot zu machen und sich mit dem Wirt der Kneipe draußen auf der Straße rumzuprügeln. Das war mein literarisches Training, und dazu gehörte es auch, in winzigen Zimmern zu wohnen mit Schaben oder mit Mäusen oder mit Ratten und zu hungern und Selbstmitleid zu empfinden und Ekel. Aber daraus entstanden Geschichten und Gedichte und ein bißchen Glück; kein übermäßiges Glück, aber ein bißchen Glück, und wenn sich das Glück spät einstellte, sagen wir, als ich so um die 50 war, dann hatte das sein Gutes für mich. Huxley hat da einmal in "Point Counter Point" gesagt: "Jeder kann mit 25 Jahren ein Genie sein, mit 50 ist das schon schwieriger." Viele sind mit 25 Jahren Genies und anerkannt und kaputt. Es gibt nicht viele Schriftsteller, die die lange Distanz gehen; die schlechten schreiben weiter, und die guten machen sich früh kaputt. Ihre Zerstörung gleicht der von Rockstars: sie produzieren zuviel, sie werden hochgejubelt und zu Tode gemanagt, und außerdem spielt der gute alte Eierkopf da noch eine Rolle.

Die Götter waren mir wohlgesinnt. Sie hatten mich im Griff. Sie brachten mich dazu, das Leben zu leben. Es war sehr schwer für mich, aus dem Schlachthof oder der Fabrik rauszukommen, nach Hause zu gehen und ein Gedicht zu schreiben, das mir so ziemlich egal war. Und viele Leute schreiben Gedichte, die ihnen so ziemlich egal sind. Das passiert mir auch, manchmal. Das harte Leben schuf die harte Zeile, und unter harter Zeile verstehe ich die wahre Zeile ohne schmückendes Beiwerk.

Die Götter sind mir noch immer wohlgesinnt. Ich gehöre noch immer zum Untergrund, bin aber nicht Untergrund genug, um völlig in ihm begraben zu sein. Zu meiner einzigen Dichterlesung in San Francisco erschienen 800 Leute, und 100 von ihnen hatten eimerweise Abfälle mitgebracht, die für mich bestimmt waren. Für zwei Mäuse pro Kopf rochen diese Abfälle noch gar nicht mal so schlimm. Die Götter sind mir wohlgesinnt, weil sie mich solche extremen Reaktionen auslösen lassen – entweder fährt die Menge voll auf mir ab, oder sie haßt mich wie die Pest. Das nenne ich Glück; und wenn mich bei einer Lesung einer mit säuischen Wörtern tituliert, dann freut mich das fast genauso, als wenn mir einer aus der Menge eine Flasche hochreicht. Ich bin eben da, und die Menge weiß, daß ich da bin. Ich bin nicht so ein ordentlicher Professor mit einem schönen Haus in den Bergen und einer Frau, die Klavier spielt.

Neider wird es immer geben, und die meisten meiner Neider sind andere Schriftsteller, die mich am liebsten schnell unter die Erde bringen würden. "Oh, da ist ihm ein Ausrutscher passiert." "Oh, was für ein schrecklicher Säufer er doch ist." "Der verprügelt die Frauen, mit denen er zusammenlebt." "Er hat mich mit dem Messer bedroht." "Der hat ein Stipendium bekommen, ohne auch nur ein Formular ausgefüllt zu haben." "Er besticht die Leute." "Der hat was gegen Schwule." "Er ist ein Lügner." "Der ist eifersüchtig." "Er ist rachsüchtig." "Der ist verrückt."

Die meisten dieser Neider sind emsig dabei, meinen Stil fast völlig zu kopieren, oder sie sind von ihm beeinflußt worden. Mein Beitrag war es, die Lyrik loszulösen und sie einfacher zu machen, sie menschlicher zu gestalten. Ich habe es ihnen leicht gemacht nachzuziehen. Ich habe ihnen beigebracht, daß man ein Gedicht in der gleichen Art und Weise schreiben kann wie einen Brief, daß ein Gedicht sogar unterhaltsamer sein kann und daß zu einem Gedicht nicht notwendigerweise ein Anflug von Heiligkeit gehört. Ich fürchte sehr, daß es jetzt zu viele Leute gibt, die wie Charles Bukowski schreiben, oder besser, daß es zu viele Leute gibt, die versuchen, wie Charles Bukowski zu schreiben. Ich bin immer noch der beste Charles Bukowski, den ich sehen kann, und mein Stil paßt sich an und ändert sich im gleichen Maße wie mein Leben, deswegen werden sie mich auch nicht einholen können. Nur Väterchen Tod wird mich einholen, und ich habe meinen Alkoholkonsum um die Hälfte reduziert; diejenigen, die mich hassen, müssen sich also leider noch ein bißchen länger gedulden. Während sich die Leute, die mich kopieren, zu Tode trinken, schlüpfe ich um Mitternacht nach draußen und nehme Heilbäder. Ja, ja, wer ist hier wohl schlauer?

Es fällt mir schwer, noch irgendwelche Helden zu finden, deshalb muß ich mir einen eigenen Helden schaffen: mich selbst. Das kostet mich einige harte Nächte. Und Tage. Man muß flexibel bleiben, für Veränderungen offen, aber man kann auch nicht jeder Laune nachgeben. Die Bewegungen müssen natürlich bleiben und lebensnah. Tut mir leid, wenn das jetzt heilig geklungen hat, aber ich glaube, man weiß schon, wie ich das meine. Ich denke dabei an das Werk von Knut Hamsun, ein Mensch, der gewachsen ist und seinen Horizont erweitert hat, selbst wenn sein Erstlingswerk "Hunger" das interessanteste war; sein Spätwerk fand mehr Anerkennung, weil man da das Wachsen spüren konnte, die klare Luft, die Täler, die Frauen, den Schmerz und den Humor, und daß es da keinerlei Dünnschiß mehr gab. Ich zweifle daran, daß ich ein zweiter Knut Hamsun sein werde; ich bin dazu zu faul, ich liege lieber am Nachmittag irgendwo rum und starre zur Decke hoch oder kratze mich in meinem verfilzten Bart; ich bin nicht ehrgeizig, und vielleicht lasse ich mich zu lange bitten, aber dieses Wort sowohl an meine Bewunderer als auch Neider, ich lasse mich nicht in eine Schachtel packen und irgendwo einordnen, wenn man also von Charles Bukowski spricht, kann man nur über den Charles Bukowski von gestern sprechen. Morgen kann ich schon wieder jeden mit einer Rechten erwischen, und für eine geraume Zeit wird der dann keine Ahnung haben, was das sollte.

Meinen Anklägern sage ich, macht weiter so und klagt mich an; meinen Verehrern sage ich, macht weiter so und verehrt mich; der Frau, die mich liebt, sage ich, mach weiter so und liebe mich; zu meiner Tochter Marina sage ich, mach weiter so und werde eine wunderschöne Frau; zu meinem Auto sage ich, mach weiter so und kriege keine Macken, dann brauche ich mir kein neues zu kaufen; zu meiner Schreibmaschine sage ich, mach weiter so und erzähle mir mehr, mehr und immer mehr und etwas Neues; mach weiter, mach weiter, mach weiter...

Heilig oder nicht heilig, so denke ich darüber, und das ist dann alles, was ich dazu zu sagen habe. Ich habe jetzt Hunger und werde ein Butterbrot essen. Scharfen Senf drauf, davon kann ich nicht genug kriegen, geht's euch genauso?

Jack Micheline

Der größte Außenseiter

Er hat auf dem Friedhof rumgeschrien, weit nach Mitternacht, schwarze Vögel sind um seinen Kopf herumgeschwirrt. Er hat in einem Bett im Kreiskrankenhaus gelegen, sechzehn Liter Blut haben sie 1949 in ihn reingepumpt. Er hat auf einer Parkbank in El Paso geschlafen, und er hat sich in die Stadtbücherei geschlichen, um Fjodor Michailowitsch Dostojewski zu lesen. Er hat betrunken auf einer Straße in L A gelegen, und ein verrückter Mexikaner hat ihm ins Gesicht getreten. Er hat seine Schlüssel, seine Brieftasche und seinen Personalausweis verloren. Er hat in der Alvarado Street zusammen mit vierzehn weißen armen Teufeln und neun Landarbeitern auf einem Lkw gehockt, der raus aufs Land gerast ist, wo sie Walnüsse pflücken sollten. Er hat sich während des fünften Rennens in Del Mar in die Hosen geschifft, als sich sein Pferd auf der Zielgeraden ein Bein brach. Einmal in Santa Anita, seine Arme hochgereckt zum elektrischen Totalisator, hat der arme Kerl dagestanden und auf die letzte offizielle Anzeige gewartet, dann ist er zum 10-Dollar-Schalter gerast, um dort zusehen zu müssen, wie die Wettfrist ablief, nur weil der Betrunkene vor ihm nicht wußte, auf welches Pferd er setzen sollte. Er hat neun Jahre lang auf dem Postamt Briefe sortiert und sich den Arsch abgearbeitet. Er hat Briefmarken gestohlen, um 500 dieser kleinen Zeitschriften mit seinen geisteskranken Gedichten in Umlauf zu bringen, Gedichte über

die Wirklichkeit und über Dünnschiß und über Micky Mouse, aus denen Amerika in Wahrheit besteht. Er hat das Fleisch in seinem Kühlschrank vergammeln lassen, bis es grün vor Neid war. Er hat seinen Goldfisch in der Badewanne schwimmen lassen. Er hat siebenundzwanzig Ladungen kalter Bauern in seine Schreibmaschine gejagt. Er hat die deutsche Nationalhymne gesungen: "Achtung! Uber Eber Alles", und er ist der erste wirkliche U-Boot-Kommandant der amerikanischen Untergrundflotte gewesen. Er ist mit seinen Brotkrumen unter Wasser stationiert gewesen und hat die Vögel durch sein Bullauge gefüttert. Er hat sich von Milchbrötchen und Kinderbrei ernährt, wenn er blank war; hat sieben besoffene Weiber gefickt; und ist Spielführer des Idiotenklubs an der L A Highschool gewesen. Er ist der größte Außenseiter, der je das Rennen gemacht hat — das Pickelgesicht in Person; Schlitzauge; ein Deutscher; ein Japs; der Pisser. Er hat eine klare Richtung, einen klaren Verstand, ist ein scheuer, in sich gekehrter Bursche, der uns allen weit voraus ist. Sein Verstand ist berechnend, ein Rabelais, gerissen und kindlich und rücksichtslos. Er ist kein "Dirty Old Man"; er ist nie ein "Dirty Old Man" gewesen. Er ist eine amerikanische Briefmarke, ein Schreihals, ein Meilenstein, ein U-Boot. Er hat mir einen Dollar gegeben und zehn für sich selbst behalten. Die Pferde sind sein Leben! Die Pferde werden immer sein Leben sein! Er ist der größte Außenseiter, der je ins Ziel gekommen ist, ein hochintelligentes und gefährliches Tier, das die sieben schönsten Gedichte in englischer Sprache geschrieben hat. Seine Seele hängt am 15-Dollar-Schalter, und er hat es verdient, vier Tage in der Woche zum Rennen zu gehen. Er hat all den Ruhm verdient, all das Geld und all die Muschis, die er kriegen kann. Sein Schatten fällt auf De Longpre, und seine Schatten fallen auf die Boulevards von Paris.
Er ist ein komischer Kauz
ein Arschloch

ein Muschilecker
ein Hammer
eine Fliege
er ist der Schnittlauch der Alvarado Street
ein Weidenbaum für die Muschis in der Nacht
er ist ein Chinese
ein Gaukler
eine Gummiente
er ist der Motor, der aus dem Auto rausgefallen ist
er ist eine geräucherte Mettwurst mit Knoblauch
er ist der Quälgeist des Harold Norse, der Heulsuse
er ist derjenige, der die Leute mit Obzönitäten am Telefon belästigt
er ist ein Kind, ein Gummistempel
er ist ein Schwanzmensch seiner Träume
er ist der Nikolaus und Hitler – ein Charlie Chaplin
er ist die grüne Blattlaus in deiner Suppe
er ist eine Spottdrossel
er ist ein krummer Falke mit nur einem Auge
sein kleiner Pimmel ist eine Cognacflasche
er ist der Papst
er dient sich selbst
er ist einer der besten Dichter, die heute schreiben und atmen
er ist die Bierflasche
er ist Quasimodo
er ist das versteinerte Gesicht selbst
er ist der komische Kauz von L A
er ist der Bucklige vom Hollywood Boulevard
er ist nett zu seiner Tochter
er ist nett zu seiner Tochter
er ist nett zu seiner Tochter
alles, was er ist, Leute, ist ein Glas Wasser
und er ist der größte Außenseiter, der je ins Ziel gekommen ist.

Jack Micheline ist seit langen Jahren Street Poet der Beat Generation. Jack Kerouac schrieb das Vorwort zu seinem ersten Gedichtband. Jack Micheline ist auf den Straßen von North Beach in San Francisco zu Hause. In letzter Zeit hat er sich auch aufs Malen verlegt. Seine Kurzgeschichtensammlung "Skinny Dynamite" erschien 1979 im MaroVerlag, erst 1982 wurde sie in den USA gedruckt!

```
all right,
     hold,
```

Alta _____

Winans hat mich gebeten, etwas über Bukowski zu schreiben. Ich habe keine Lust, etwas über Bukowski zu schreiben. Wozu ich Lust habe, ist über Leute zu schreiben, die sich anstrengen, Dichter zu sein, heilige Dinge zu tun, und die dann statt dessen Böses schreiben.

Und gerade weil Bukowski gut schreibt und in der Tat mitgeholfen hat, die "Dichtung zu vermenschlichen", wie es sein selbsterklärtes Ziel war, bedeutet das noch lange nicht, daß ich sein Werk ruhig und friedlich für mich lesen kann, als würde er mich nicht beleidigen und den Frauen den Krieg erklären. Das macht er nämlich von Zeit zu Zeit. Und ich zum anderen erkläre, daß ich Mißhandlungen nicht genießen kann, daß ich geliebt und in Frieden gelassen werden will. Ich will nicht vergewaltigt werden oder manuell befriedigt werden oder nachgeäfft oder gehaßt ober überall rumgereicht werden. Ich will schreiben und geliebt werden. Ich finde es nicht gut, zusammen mit den Wunschträumen eines männlichen Vergewaltigers abgedruckt zu werden. Buk hat gesagt, seine Wunschträume in "Nola Express" seien sarkastisch, und wenn ich nicht so etepetete wäre, dann würde ich das auch einsehen. In dem gleichen Brief schrieb er, es gäbe einige Frauen, denen es Spaß machen würde, vergewaltigt zu werden. Wenn er recht hat, dann würde ich vorschlagen, man fragt uns erst, ob wir zu dieser Sorte Frauen gehören, und falls nicht, daß man uns dann in Ruhe läßt. Aber die Männer, die mich angegriffen haben, haben nicht gefragt (und den letzten drei, das sage ich voller Stolz, ist der Kampf nicht gut bekommen). Diese Männer haben nicht gesagt, ich sei etepetete: sie schimpften mich Weibsstück, Nutte, usw. Buk ist der erste, der sagt, ich sei etepetete. Auch eine Art von Vornehmheit.

Als ich gelesen habe, daß Buk die Nonne vergewaltigen wollte, rief das bei mir die gleiche Einsamkeit und Niedergeschlagenheit hervor wie damals, als Greer mir sagte, ich solle für McGovern stimmen. Beides ergibt für mich keinen Sinn.

Ich meine immer noch, daß wir teilweise für die Neue Welt verantwortlich sind; für eine Welt, in der wir uns alle willkommen und geliebt fühlen können. Als wenn wir uns nicht gegenseitig als kostbares Gut behandeln müßten ("wir müssen unsere Mitesser lieben"); aber er vergißt das, wenn er sich selbst nur als häßlichen Schmutzfinken ansieht, der zuviel Bier trinkt. Und er läßt zu, daß dieses Bild von ihm zuviel schreibt. Ich bin ihm noch nicht persönlich begegnet; man hat mir noch nicht die Gelegenheit dazu gegeben, festzustellen, ob er dem Bild entspricht, das ich mir in meiner Vorstellung von ihm mache. Es gibt aber Dinge in uns selbst, die nach Veränderung verlangen, nicht nach erklärender Duldung. Rassismus und Sexismus sind Teil unseres Wesens, und obwohl wir ein kostbares Gut sind, gehören sie nicht zu unseren kostbaren Gütern. Sich wegen der öffentlichen Wirkung zu verkaufen, ist uns geläufig, aber ich bewundere das nicht. Und hoffentlich werde ich das auch nie tun. Ich verlange von Bukowski oder

Morgan oder Tey nicht mehr, als ich von mir selbst verlangen würde. Ich will, daß sie sich dennoch diese Frage stellen. Warum sollte ich für irgend jemanden Gewissen spielen?

Alta.

(Angel) Alta ist Dichterin und gleichzeitig Herausgeberin der "Shamefull Hussy Press" in Berkely in Kalifornien.

THE PROBLEM WITH
WOMEN IS THAT
THEY ARE PROBLEMS.

Charles Bukowski.

Linda King

Schlimm, daß ich mich in einen männlichen Chauvinisten verliebt hatte

Als ich Charles Bukowski zum ersten Mal auf einer Dichterlesung hörte, las er auch eine Short Story, die er gerade geschrieben hatte, Titel: "Six Inches" ("Gut fünfzehn Zentimeter"). Die Story brachte mich zum Lachen, aber sie wirkte gleichzeitig wie eine Beleidigung auf mich. Der Mann am Eingang hatte mir gesagt, es ginge das Gerücht, daß Bukowski seine Frau verprügeln würde. Nach der Lesung ging ich nach vorne zu ihm hin und fragte ihn: "Sie hassen die Frauen wirklich, oder?" Er antwortete mit einem "Nein" und schaute mich beim Weggehen flüchtig an. Als ich später "Notes of a Dirty Old Man" und einige seiner Gedichtsammlungen gelesen hatte, dachte ich bei mir... irgendwas sollte man für diesen entsetzlichen Menschen tun. Ein Kerl, der so schreiben kann wie er... und was der über die Frauen schreibt... fast kriminell. Ich hatte keine Ahnung, ob er tatsächlich eine Reihe solch schlechter Frauen gehabt hatte oder ob er seine Frauen absichtlich so schlechtmachte... treulos, nichtstaugende Weibsstücke... einzig und allein zum Bumsen zu gebrauchen...

Eins ist klar, wir Frauen müssen schon ziemlich gerissen und schlau in dieser Schlacht Mann gegen Frau sein, wo wir doch kleiner sind und weniger Bizeps haben, aber ich sah ein, daß es nur einen Weg gab, um herauszufinden, was in diesem Geschöpf von Bukowski vorging: ich mußte, wollte ich ihn beobachten, nah genug an ihn herankommen. Er sah ziemlich gefährlich aus.

Wie ich es sehe, muß eine jede von uns Frauen ihren eigenen persönlichen und oft leisen Krieg gegen die zur Schau getragene Überlegenheit des Mannes führen, wobei wir uns besonders vor den Männern in acht nehmen müssen, die behaupten, sie seien auf der Seite der Frauen. Wir Frauen brauchen auf keine der guten Eigenschaften verzichten, die wir haben, nur um so wie die Männer sein zu wollen; das ist besonders dann der Fall, wenn das, was er macht, einen niedrigeren Stellenwert hat als unsere Arbeit. Ich will keine Gräben ziehen, Lkw fahren, in der Fabrik arbeiten. Es ist viel leichter, ein Essen zu machen, und das läßt einem auch noch die Zeit zum Schreiben, Bildhauern, Malen oder was man sonst mag. Ich muß zugeben, daß diese fraulichen Beschäftigungen sich in Sklavenarbeit verkehren können, wenn man heiratet. Als ich feststellte, daß meine Arbeit nach zwanzig oder dreißig Jahren gerade dazu reichte, um mit einem Mann nach Italien zu fahren, der sich immer über das, was ich machte, so sehr beklagte, daß mir die Reise sowieso keinen Spaß machen würde, da löste ich die Verbindung. Ich kriegte die Kinder. Er kriegte das Geld. Er hatte es ja auch verdient. Meine fraulichen Tätigkeiten hatten keinen Profit abgeworfen. Da ich aber so halb und halb glaubte, er könnte die Kinder kriegen, wenn er mich für verrückt erklären würde, begnügte ich mich mit meiner Freiheit. Dann starb mein Vater, dieser alte Chauvinist, und irgendwie hatte er es nicht hingekriegt, sein Geld schnell genug durchzubringen, er versetzte mich also in die glückliche Lage, noch ein paar Jahre weiter ein faules Leben führen zu können. Bildhauerei, Schreiberei – Gedichte wie Romane –... toll. Wäre er noch am Leben gewesen, so hätte er das nie zugelassen. Als ich mich damals so umschaute, stellte ich fest, daß alle Männer fast gleich schlecht waren und daß uns wirklich nichts anderes übrigbleibt, als bis zum Umfallen für die Frauenrechtsbewegung zu kämpfen. Ich befreie mich selbst vom Ehejoch, indem ich mich eines Morgens weigerte, Frühstück zu machen. Das Schwein besaß dann noch die Unverfrorenheit zu sagen: "Toll, daß du endlich abhaust."

Ich hatte damals ganz und gar nicht vor, mich mit Bukowski einzulassen. Was kann man schon mit einem Mann anfangen, der einen krank macht? Will eine Frau eine Schlacht erfolgreich schlagen, dann muß sie hinter die Schlachtlinie gelangen, um aus dem sanften Gebiet (des Herzens) heraus zu operieren. Jede Frau weiß doch, daß sie soviel und solange schreien und heulen und auf den Mann einreden kann, wie sie will, das geht ihm zum einen Ohr herein, zum anderen wieder hinaus, es sei denn, die Frau bedeutet ihm etwas. Ich war großartig, ich spielte die Rolle perfekt. Gott hatte mir dieses Gesicht gegeben und diesen Hintern, und eine Zeitlang glaubte ich, daß er nur den Hintern an mir liebte, aber damit muß man bei Männern immer rechnen. Schließlich bequemte er sich, auch den Rest von mir in Augenschein zu nehmen. Ich merkte, daß Buk schon seit vier Jahren nicht mehr mit einer Frau zusammengewesen war. Oh ja, ich war gerissen, und als ich ihn modellierte, warf ich ihm verliebte Blicke zu, dann drehte ich mich um und packte mehr Ton auf den Kopf und tat so, als würde ich die Form seiner Augen oder die seines Mundes studieren. Die drei Sitzungen brachten ihn ganz schön ins Schwitzen. Ich wollte natürlich seine Gefühle für mich wecken, damit ich ihn unter Kontrolle kriegen konnte. Eine Frau muß erkennen, wo ihre Macht steckt, aber ich selbst wollte nichts riskieren. Wenn ich ihn schön weichgemacht hätte, dann würde ich ihm schon seine Gehässigkeiten Frauen gegenüber heimzahlen. Würde ihm klarmachen, daß er von Frauen einfach keine Ahnung hat. Was er sich einbilden würde, über die Liebe zu schreiben.

So ging er dann jede Nacht nach Hause und schrieb mir die phantastischsten Liebesbriefe. Ich glaube, ich habe die schönste Sammlung von Liebesbriefen auf der ganzen Welt. Und er schrieb immer noch mehr davon und außerdem noch Liebesgedichte, und ich merkte, wie ich von Tag zu Tag schwächer wurde. Die vier Jahre, die er sich zurückgehalten hatte, ergossen sich mit solcher Wucht über mich, daß ich von Gefühlen hin- und hergerissen wurde und dann auch noch schärfer und immer schärfer wurde und daß mir schließlich auch egal war, daß er zuviel trank, daß er ein männlicher Chauvinist war, daß er seine Frau verprügelt hatte und daß er schon fünfzig Jahre alt war. Ich sagte brummend zu meinen älteren Schwestern: "Charles Bukowski gehört jetzt mir. Laßt also eure Finger von ihm." (Ich habe vier geschiedene Schwestern, und wir müssen schon sehen, daß wir uns mit unseren Ansprüchen nicht in die Quere kommen). Es dauerte nur einen Monat, und ich war über beide Ohren in ihn verliebt. Völlig weg. Ich hätte ihn vergewaltigen können. Und es war nicht nur, daß ich scharf war; so wie ich veranlagt bin, werde ich nur scharf, wenn ich verliebt bin.

Als dann, wie sollte es auch anders sein, einiges an Leidenschaft in uns beiden befriedigt war, was seine Zeit gedauert hatte, erinnerte ich mich daran, daß er ein männlicher Chauvinist war und an all die anderen Sachen. Ich höre meine feministischen Schwestern jetzt überall stöhnen: "Wie kann nur irgendeine Frau mit Charles Bukowski auskommen?" Ganz einfach, wir kommen nicht miteinander aus. Aber dennoch liebe ich ihn. Zwei Jahre habe ich mit ihm zusammengelebt, und dieser Krieg stand keinem der großen Weltkriege in irgend etwas nach. Er ist so stur. Wenn man ihm sagt, daß man dieses oder jenes nicht mag, zieht er los und macht es fünfmal, nur um einem klarzumachen, wer der Stärkere ist; aber einiges habe ich auch in seinen Schädel reingekriegt. Was das ist, sage ich nicht

(Top Secret), wenn ich das nämlich verrate, wird er mir beweisen müssen, daß dem nicht so ist.

Dieser Kampf Mann gegen Frau birgt immer eine Gefahr in sich, nämlich daß man sich verliebt; aber ich hoffe, daß die Frauen den Kampf nicht aufgeben werden. Es ist ganz gut, wenn man es hinkriegt, daß man seinen eigenen Bereich behält, obwohl ich oft an die Wärme in der Nacht bei dieser Angelegenheit zurückdenken muß. Ich will nicht darüber reden, was die Sache mit diesem verrückten Schriftsteller persönlich für mich gebracht hat, in die ich da reingeschlittert bin; aber das sollen alle wissen: aufgegeben habe ich nicht. Der Kampf für die Rechte der Frauen bleibt — bis zum Tode. Heute kann ich sagen, daß ich doch froh bin, daß er zwanzig Jahre älter ist als ich, denn da ist er im Nachteil — und dessen bin ich mir ziemlich sicher —: er wird vor mir sterben.

Linda King ist Dichterin und Bildhauerin. Eine Zeitlang war sie Bukowskis Lebensgefährtin.

Ann Menebroker

Frostige Mathematik

Über Bukowski – ach du meine Güte! Ich wollte mich gerade hinsetzen und ein paar unsterbliche Zeilen darüber zu Papier bringen, wie lange ich ihn jetzt schon kenne usw. usw. usw. Und plötzlich sah ich alles vor mir, von anerkannten Freunden und Feinden verfaßte seitenlange Beiträge und Seitenhiebe, und ich dort mittendrin eingequetscht wie ein Käfer zwischen den Seiten. Elf Jahre sind eine lange Zeit, jemanden *nicht* so gut zu kennen, wie das bei mir und Buk der Fall ist. Ich liebe den Mann. Das weiß er. Ein jeder liebt oder haßt ihn. Er ist ein Thema voller Widersprüche. Ich habe ihm schon geschrieben, bevor jedermann an seinen zerrissenen Hemdsärmeln hing. Ich hätte nie gedacht, daß er je so groß herauskommen würde. Nicht, bis er mir vor sechs Jahren oder so nach einer Sendepause von einem Jahr oder mehr wieder schrieb: "Heiliger Strohsack, schick mir all meine Briefe zurück, wenn du sie verwahrt hast; ich kann sie zu Geld machen, die Universität von Southern California will sie haben." Ich habe sie ihm geschickt – alle. Und was übriggeblieben ist (und was ich verbrannt hatte, ging nicht jeden etwas an), ist nicht viel. Außerdem kann auch kein Mensch Tagebuch führen über die Telefongespräche, die wir geführt haben. Und als wir uns nach acht Jahren getroffen haben... das tat gut, auch wenn wir dabei betrunken waren. Wir sind gut miteinander ausgekommen. Nicht als Liebende oder irgend so etwas. Unser Verhältnis ist komisch, fast unheimlich. Viel ist davon nicht übriggeblieben, aber es existiert immer noch, wahrscheinlich ewig.

Und die Leute wollen ihn. Ich habe mal zu ihm gesagt: sei ein Bär und reiße ihnen die Köpfe ab. Aber er hat nicht auf mich gehört. Ich erinnere mich noch genau an seinen Brief damals im August 1965 (den habe ich behalten), und er schrieb mir: "Ich habe jetzt hier ein Fleckchen, wo ich 15 oder 20 von der lebendigen Sorte schreibe, aber es hat angefangen, eine Plackerei zu werden — von mir bleibt nicht mehr genug über, um an die frische Luft zu gehen — nach der Arbeit, nach den Rennen, nach einer Sauferei. Die Nähte geben nach, das Leben verschluckt sich selbst; nicht daß ich mir daraus noch so viel mache, aber die Gegend ist frostig, eine frostige Mathematik..."

So also sieht es aus — der Mann, der den größten Einfluß von allen auf meine eigene Schreiberei hatte, immer noch in derselben Wohnung mit all den Fenstern und Jalousien, spielt seine klassische Musik, gibt Lesungen, um über die Runden zu kommen, schreibt, kommt dennoch über die Runden. Frauen zu jeder Zeit in seinem Leben. Dichtung und Scotch in seinem Blut. Was soll ich sagen?

Vielleicht habe ich doch das gesagt, was ich sagen wollte, ohne es zu wissen. Zum Teufel, ein schwieriges Thema für mich, wenn ich darüber richtig nachdenke. Vielleicht hilft es, wenn man nicht darüber nachdenkt. Wenn du etwas von dem, was ich gesagt habe, brauchen kannst — um so besser für mich. Drucke es.

Alles Gute,
Ann Menebroker.

Ann Menebroker stammt aus Sacramento und lebt in Wilton in Kalifornien. Ihre Gedichte wurden in vielen kleinen Literaturzeitschriften gedruckt, und "Second Coming" hat einen ihrer drei Gedichtbände herausgebracht ("The Drums For The Lady").

I LIKE DOGS BETTER
THAN MEN AND
CATS BETTER THAN
DOGS AND MYSELF
BEST OF ALL, DRUNK
IN MY UNDERWEAR
LOOKING OUT THE
WINDOW.

Charles Bukowski

Charles Bukowski

Die Bettdecke

In der letzten Zeit schlafe ich nicht gut, aber darauf will ich eigentlich nicht hinaus. Es ist nämlich so — wenn ich gerade einzuschlafen scheine, dann passiert es. Stimmt schon mit dem "einzuschlafen scheine", genauso ist es. In der letzten Zeit passiert es immer häufiger, daß ich zu schlafen scheine, ich fühle, daß ich schlafe, und dennoch träume ich von meinem Zimmer, ich träume, daß ich schlafe, und jede Kleinigkeit liegt genau da, wo ich sie hingelegt hatte, bevor ich ins Bett ging. Die Zeitung auf dem Fußboden, eine leere Bierflasche auf der Kommode, mein einer Goldfisch dreht langsam seine Runden in seiner Schüssel, die ganzen anderen vertrauten Sachen, die genauso ein Teil von mir sind wie meine Haare. Und wenn ich dann oft *nicht* schlafe, da in meinem Bett, wenn ich die Wände anstarre, döse, auf Schlaf warte, wundere ich mich dauernd: bin ich noch wach oder schlafe ich schon und träume von meinem Zimmer?

Mir ist es in der letzten Zeit schlecht gegangen. Todesfälle; Pferde liefen miserabel; Zahnschmerzen; Hämorrhoiden, weitere Sachen, über die man nicht spricht. Oft frage ich mich, nun, kann es eigentlich noch schlimmer werden? Und dann sage ich zu mir, also gut, dein Zimmer hast du ja noch. Auf der Straße liegst du ja noch nicht. Es gab mal eine Zeit, da hätte es mir nichts ausgemacht, auf der Straße zu liegen. Aber jetzt kann ich die Straße nicht mehr leiden.

Dauernd diese Nadelstiche, diese Schnittwunden, ja sogar Bomben... das alles so oft, ich habe einfach genug davon; ich halte das alles nicht mehr aus.

Aber zurück zur Sache. Wenn ich einschlafe und träume, ich sei in meinem Zimmer oder wenn es tatsächlich so ist und ich wach bin, wie immer dem auch sei, dann passieren so komische Sachen. Ich stelle fest, daß die Tür vom Schrank einen Spalt auf ist; und ich bin sicher, daß sie kurz zuvor nicht auf gewesen war. Dann sehe ich, daß die geöffnete Schranktür und der Ventilator (es ist heiß gewesen, und der Ventilator steht auf dem Fußboden) Strahlen bilden, die sich genau auf meinem Kopf schneiden. In einem plötzlichen Wutanfall drehe ich mich vom Kopfkissen weg — und ich nenne es mal "Wut", denn normalerweise tituliere ich "die" oder "das", was mich beim Schlafen stört, mit kräftigeren Ausdrücken. Jetzt höre ich euch schon, wie ihr sagt: "Der Kerl ist verrückt" — und bei Gott, das kann stimmen. Aber irgendwie kommt es mir so vor, als sei dem nicht so. Das ist natürlich nur ein winziger Punkt, der für mich spricht, wenn man es überhaupt einen Punkt nennen kann. Wenn ich mich in Gesellschaft von Leuten befinde, fühle ich mich nicht wohl. Die reden miteinander und regen sich über Sachen auf, die mich kaltlassen. Und dennoch fühle ich mich in ihrer Gesellschaft am stärksten. Ich habe da so eine Idee: wenn für sie diese Bruchstücke als Lebensgrundlage ausreichen, dann muß es für mich allemal reichen. Aber wenn ich alleine bin und alle Vergleiche nur noch zwischen mir und den Wänden bestehen, zwischen mir und meinem Atem, zwischen mir und der Geschichte, mir und meinem Ende, dann fangen diese komischen Sachen wieder an. Offenbar bin ich ein schwacher Mensch. Ich habe in der Bibel Halt gesucht, bei den Philosophen, bei den Dichtern, aber mir kommt es so vor, als liegen sie allesamt schief. Sie reden von etwas ganz anderem. Deshalb habe ich also vor langer Zeit mit dem Lesen Schluß gemacht. Etwas Trost fand ich im Trinken, Spielen und im Sex, und somit war ich wie jeder andere auch in der Gesellschaft, in der Stadt, der Nation; der einzige Unterschied bestand darin, daß es mir nicht auf "Erfolg" ankam, ich brauchte keine Familie, kein Zuhause, keinen angesehenen Beruf und so weiter. So war ich also: weder ein Intellektueller, ein Künstler, noch standen mir die rettenden Grundlagen zur Verfügung, wie sie der Mann auf der Straße hatte. Ich hing irgendwie abgestempelt dazwischen, und ich nehme an, ja, das ist der Anfang vom Verrücktsein. Und wie vulgär ich doch bin! Ich stecke mir den Finger in den Arsch und kratze an meinen Hämorrhoiden rum, die ich in Massen habe. Das ist besser als Geschlechtsverkehr. Ich kratze mich blutig, bis ich vor Schmerz aufhöre. Affen machen das auch so. Habt ihr sie schon mal gesehen im Zoo mit ihren blutigen Ärschen?

Aber weiter. Wenn ihr mich aber dennoch ein bißchen bei etwas Komischem verweilen laßt, dann erzähle ich euch alles über den Mord. Diese Zimmerträume, wie ich sie mal nennen will, fingen vor ein paar Jahren an. Einen der ersten hatte ich in Philadelphia. Schon damals hatte ich selten Arbeit, und vielleicht machte ich mir auch nur einfach Sorgen wegen der Miete. Ich trank zu jener Zeit nicht mehr als etwas Wein und ein paar Bier, und auch der Sex und das Spielen hatten mich noch nicht ganz in ihren Bann gezogen. Obwohl ich damals mit einer Dame von der Straße zusammenlebte und obwohl es mir komisch vorkam, daß sie mehr Sex oder — wie sie es nannte — "Liebe" wollte, wenn wir zugange waren, obwohl sie sich ja schon zwei oder drei oder mehr Männer tags- und nachtsüber zu Gemüte geführt hatte, und obwohl ich ebenso hartgesotten auf der Straße wie im Knast war wie sonst ein Ritter der Straße, ging mir das an die Nieren, ihn da nach *alldem* reinzustecken... das ging mir gegen den Strich, und ich machte ziemlich viel durch. "Liebling", sagte sie immer, "mußte verstehen, *ich liebe* dich. Bei den anderen passiert nichts. Du *weißt* einfach nicht, was in einer Frau vorgeht. Eine Frau kann dich reinlassen, und du meinst, du hast's geschafft, dabei bist du noch nicht mal drin. Dich, den laß ich rein." Das ganze Gerede half auch nichts. Die Wände rückten nur noch enger zusammen. Und eines Nachts, mir auch egal, ob ich nun träumte oder nicht, wachte ich auf (oder ich träumte, daß ich aufgewacht bin), und sie lag neben mir im Bett, und ich schaute mich um, und da sah ich sie, alle diese kleinen Männchen, 30 oder 40 an der Zahl, sie banden uns im Bett mit Draht zusammen, so eine Art Silberdraht, und immer wieder schlangen sie den Draht um uns unter dem Bett durch, über das Bett hinweg, alles Draht. Meine Dame hatte meine Unruhe wohl mitgekriegt. Ich sah, wie sie die Augen aufmachte und mich ansah. "Sei ruhig!" sagte ich. "Bewege dich nicht! Die wollen uns mit Strom umbringen!" *"Wer will uns mit Strom umbringen?"* "Verdammt noch mal, ich hab dir gesagt, du sollst ruhig sein. Sei jetzt still!" Ich ließ sie noch ein bißchen weitermachen und stellte mich schlafend. Dann stemmte ich mich mit aller Kraft hoch, sprengte den Draht und überraschte sie. Ich holte nach einem von ihnen aus, traf ihn aber nicht. Ich weiß auch nicht, wo sie sich hin verdrückten, aber ich wurde sie los. "Ich habe uns gerade das Leben gerettet", sagte ich zu meiner Dame. "Gib mir nen Kuß, Papa", sagte sie.

Vorbei und vergessen, zurück zur Gegenwart. Als ich morgens aufgestanden bin, waren da solche Striemen an meinem Körper. Blaue Flecken. Ich habe da eine bestimmte Bettdecke im Verdacht. Ich vermute, diese Bettdecke schnürt mich im Schlaf ein. Ich wache dann auf, und manchmal drückt sie mir sogar schon die Gurgel zu, so daß ich kaum noch Luft kriege. Es ist immer dieselbe Bettdecke. Aber ich lasse mir nichts anmerken. Ich hole mir ein Bier, schlitze mit dem Daumen die Seiten der Rennzeitung auf, schau aus dem Fenster, ob es regnet, und versuche, alles um mich herum zu vergessen. Ich will einfach meine Ruhe haben. Ich bin müde. Ich will mir nicht irgendwelche Dinge einbilden oder ausdenken.

Aber dennoch läßt mich die Bettdecke auch jetzt in der Nacht nicht in Ruhe. Sie bewegt sich wie eine Schlange. Sie nimmt verschiedene Formen an. Sie bleibt einfach nicht ausgebreitet flach auf dem Bett liegen. Und in der folgenden Nacht. Ich befördere sie mit den Füßen vom Bett runter auf den Fußboden neben die Couch. Dann sehe ich, wie sie sich bewegt. Wenn ich so tue, als schaute ich nicht hin, bewegt sie sich blitzartig. Ich stehe auf und schalte das ganze Licht an und hole die Zeitung und lese, ich lese alles, den Börsenbericht, was es Neues in der Mode gibt, wie man Tauben zubereitet, wie man Unkraut bekämpft, die Briefe an den Herausgeber, politische Leitartikel, Stellenangebote, die Todesanzeigen usw. Währenddessen bewegt sich die Bettdecke nicht, und ich trinke so 3 oder 4 Flaschen Bier, vielleicht auch mehr, und dann ist manchmal schon der Morgen da, und dann ist es einfach mit dem Schlafen.

Und dann passierte das neulich nachts. Oder genauer, es fing eigentlich schon am Nachmittag an. Da ich kaum zum Schlafen gekommen war, ging ich so um 4 Uhr nachmittags ins Bett, und als ich wach wurde oder wieder von meinem Zimmer träumte, war es schon dunkel, und die Bettdecke drückte mir die Gurgel zu, und sie hatte wohl beschlossen, daß dies *der* Augenblick sei. Jetzt ging es ohne jede Verstellung! Sie war hinter mir her, und sie war stark, oder wenigstens schien ich ziemlich schwach zu sein, wie im Traum, und ich mußte schon mein Letztes geben, um sie daran zu hindern, mir die Luft abzudrücken, aber sie ließ nicht locker, diese Bettdecke, sie machte schnelle und heftige Attacken und versuchte eine Schwäche von mir auszunutzen. Ich fühlte, wie mir der Schweiß von der Stirn rann. Wer würde mir je eine solche Sache glauben? Wer würde mir je eine solch verfluchte Sache glauben? Eine lebendige Bettdecke, die einen umbringen will? Nichts wird für bare Münze genommen, bis es das *erste* Mal passiert ist — wie die Atombombe oder die Russen mit ihrem bemannten Weltraumflug oder Gott, wie er zur Erde herabsteigt und dann von denen ans Kreuz genagelt wird, die *er* erschaffen hat. Wer wird all die Sachen glauben, die sich noch ereignen werden? Das endgültige Verlöschen des Feuers? Die 8 oder 10 Männer und Frauen in so einem Raumschiff, die Neue Arche, unterwegs zu einem neuen Planeten, um erneut den erschöpften Samen des Menschen überall zu säen? Und wo war jener Mann oder jene Frau, die mir geglaubt hätten, daß diese Bettdecke darauf aus war, mich zu erdrosseln? Da war niemand, weit und breit kein einziger. Und das machte alles ja noch schlimmer, irgendwie. Obgleich ich wenig Einfühlungsvermögen dafür besaß, was die breite Masse so über mich dachte, wollte ich doch irgendwie, daß man die Bettdecke zur Kenntnis nahm. Komisch, oder? Warum eigentlich? Und komisch, ich hatte doch so oft in Gedanken mit Selbstmord gespielt, und jetzt, wo mir meine Bettdecke dabei helfen wollte, kämpfte ich gegen sie.

Ich befreite mich schließlich von dem Ding und schmiß es auf den Fußboden und schaltete das Licht an. Damit würde der Spuk ja wohl vorbei sein.

Licht, Licht, Licht.

Aber vonwegen, ich sah, wie es noch immer zuckte und sich im Licht ein paar Zentimeter bewegte. Ich setzte mich hin und beobachtete es ganz genau. Es bewegte sich wieder. Fast 30 Zentimeter. Ich stand auf und zog mich an, wobei ich um die Bettdecke einen weiten Bogen machte, als ich meine Schuhe, Socken usw. zusammensuchte. Als ich fertig angezogen war, wußte ich nicht, was ich machen sollte. Die Bettdecke bewegte sich jetzt nicht mehr. Vielleicht ein Spaziergang durch die Nachtluft. Ja. Ich würde mit dem jungen Zeitungsverkäufer an der Ecke reden. Obwohl das auch schon schlimm genug war. Alle Zeitungsverkäufer in der Nachbarschaft waren Intellektuelle: die lasen G. B. Shaw und O. Spengler und Hegel. Und sie waren gar keine jungen Zeitungsverkäufer: sie waren 60 oder 80 oder 100 Jahre alt.

Scheißdreck. Ich schlug die Tür hinter mir zu und ging raus.

Als ich oben auf der Treppe stand, zwang mich etwas in mir, mich umzudrehen und hinter mich zu schauen. Richtig: die Bettdecke folgte mir, sie bewegte sich wie eine Schlange, Falten und Schatten bildeten vorne Kopf, Mund, Augen. Eins muß noch gesagt werden, sobald man angefangen hat zu glauben, daß etwas Entsetzliches etwas Entsetzliches ist, dann wird es schließlich *weniger* entsetzlich. Einen Augenblick kam mir meine Bettdecke wie ein treuer Hund vor, der nicht gerne ohne mich allein sein will, der mit mir gehen will. Mein nächster Gedanke aber war, daß dieser Hund, diese Bettdecke ja darauf aus war zu töten, und dann lief ich schnell die Stufen runter.

Ja, wirklich, sie war hinter mir her! Sie glitt so schnell sie wollte von Stufe zu Stufe. Geräuschlos. Entschlossen. Meine Wohnung lag auf der dritten Etage. Sie folgte mir runter. Zur zweiten. Zur ersten. Mein erster Gedanke war, nach draußen ins Freie zu laufen, aber draußen war es stockdunkel, eine ruhige und verlassene Gegend weit weg von den Geschäftsstraßen. Das Beste wäre wohl, sich in die Gesellschaft von Leuten zu begeben, um herauszukriegen, inwieweit das alles Wirklichkeit war. Man braucht *mindestens* zwei Zeugen, um der Realität den Anschein der Realität zu geben. Künstler, die ihrer Zeit weit voraus waren, haben das rausgefunden, und vom Wahnsinn und sogenannten Halluzinationen Besessene haben das auch festgestellt. Wenn man ganz allein eine Erscheinung hat, erklären sie einen entweder zum Heiligen oder für verrückt.

Ich klopfte an die Tür von Wohnung 102. Micks Frau machte auf.

"Hallo, Hank", sagte sie, "los, komm rein."

Mick lag im Bett. Er war ganz aufgeschwemmt, seine Knöchel doppelt so dick wie sonst, sein Bauch dicker als der einer schwangeren Frau. Er war ein starker Trinker gewesen, und seine Leber hatte das nicht mehr mitgemacht. Er war jetzt voll Wasser. Er wartete darauf, daß im Veteran's Hospital ein Bett frei wurde.

"Hallo, Hank", sagte er, "hast du Bier mitgebracht?"

"Also, Mick", sagte seine Frau, "du weißt doch, was der Doktor gesagt hat: keinen Tropfen mehr, auch kein Bier."

"Wozu hast du die Bettdecke mit?" fragte er mich.

Ich sah an mir herunter. Die Bettdecke war hochgesprungen und hatte sich um meinen Arm gelegt und war so unbemerkt mit mir in die Wohnung gekommen.

"Nur so", sagte ich, "hab zu viel davon. Dachte, du könntest eine brauchen."

Ich warf das Ding rüber auf die Couch.

"Hast kein Bier mitgebracht?"

"Nein, Mick."

"Könnte aber gut eins vertragen."

"Mick", sagte seine Frau.

"Verdammt hart, nach all den Jahren so damit aufzuhören."

"Also gut, aber nur eins", sagte seine Frau. "Ich geh runter in den Laden."

"Laß doch", sagte ich, "ich hol ein paar Flaschen aus meinem Kühlschrank."

Ich stand auf und ging Richtung Tür, wobei ich die Bettdecke nicht aus den Augen ließ. Sie bewegte sich nicht. Sie saß da auf der Couch und sah mich an.

"Bin gleich wieder da", sagte ich und machte die Tür zu. Schätze, dachte ich bei mir, meine Phantasie ist mit mir durchgegangen. Ich habe die Bettdecke mitgenommen und mir eingebildet, sie sei mir gefolgt. Ich sollte mehr unter Menschen gehen. Mein Horizont ist zu begrenzt geworden. Ich ging hoch und packte 3 oder 4 Flaschen Bier in eine Papiertüte und ging wieder runter. Ich war ungefähr auf der zweiten Etage, als ich jemanden schreien hörte, dann ein Fluch und ein Schuß. Ich stürzte die restlichen Stufen runter und rannte nach 102. Mick stand da, ganz aufgeschwemmt, mit einer 32er Magnum in der Hand, aus deren Lauf etwas Rauch nach oben kräuselte. Die Bettdecke lag genauso auf der Couch wie vorher.

"Mick, du bist verrückt!" sagte seine Frau.

"Kann sein", sagte er, "gerade als du in die Küche gegangen bist, sprang diese Bettdecke – und Gott ist mein Zeuge – also sprang diese Bettdecke zur Tür hin. Sie wollte den Türknopf drehen, wollte raus, aber sie kriegte den Knopf nicht gepackt. Als ich den ersten Schreck verdaut hatte, stand ich aus dem Bett auf und ging auf sie zu, und als ich nahe bei ihr war, sprang sie vom Türknopf weg, sprang mir an die Kehle und versuchte mich zu erwürgen."

"Mick ist krank", sagte seine Frau, "hier einfach rumzuballern. Er sieht Gespenster. Hat auch schon Gespenster gesehen, als er noch getrunken hat. Wird schon wieder alles werden, wenn er im Krankenhaus ist."

"Verdammt noch mal!" schrie er und stand da in seinem Nachthemd, aufgeschwemmt, "ich sag euch, das Ding wollte mich umbringen, und Gott sei Dank war die alte Magnum geladen, und ich bin zum Schrank gerannt und hab sie rausgeholt, und als das Ding wieder auf mich losgegangen ist, hab ich geschossen. Dann ist es weggekrochen. Es ist zur Couch zurückgekrochen, und da liegt es jetzt. Man kann das Loch sehen, wo ich die Kugel reingefeuert habe. Das hat mit Einbildung nichts zu tun!"

Es klopfte. Es war der Wohnungsverwalter.

"Es ist zu laut hier", sagte er. "Kein Fernsehen oder

Radio oder sonstige Ruhestörung nach 10", sagte er. Dann ging er wieder.
 Ich ging zur Bettdecke rüber. Klar, da war ein Loch drin. Die Bettdecke schien ganz ruhig zu sein. Wo hat eine lebendige Bettdecke ihr Lebenszentrum?
 "Mein Gott, jetzt brauch ich ein Bier", sagte Mick, "mir auch egal, ob ich dran sterb oder nicht."
 Seine Frau machte drei Flaschen auf, und Mick und ich rauchten Pall Mall.
 "He, Alter", sagte er, "nimm diese Bettdecke mit, wenn du gehst."
 "Ich brauch sie nicht, Mick", sagte ich, "kannst sie behalten."
 Er nahm einen kräftigen Schluck aus der Flasche.
 "Du nimmst dieses verdammte Scheißding hier weg!"
 "Reg dich ab, ist doch *tot*, oder?" fragte ich.
 "Woher zum Teufel soll ich das denn wissen?"
 "Willst du damit etwa sagen, Hank, daß du diesen Quatsch mit der Bettdecke glaubst?"
 "Ja, du."
 Micks Frau warf den Kopf zurück und lachte.
 "Nicht zu fassen, zwei ausgewachsene Arschgeigen, wie sie im Buche stehen." Dann fuhr sie fort: "Du säufst doch auch, Hank, oder?"
 "Ja."
 "Viel?"
 "Manchmal."
 "Ich sage nur eins: nimm diese verdammte Scheißbettdecke *hier weg!*"
 Ich nahm einen kräftigen Schluck aus der Bierflasche und wünschte mir, es wäre Wodka gewesen.
 "Also gut, Kumpel", sagte ich, "wenn du die Bettdecke nicht haben willst, dann nehm ich sie wieder mit."
 Ich legte sie ordentlich zusammen und nahm sie über den Arm.

"Nacht, Leute."
"Nacht, Hank, danke fürs Bier."
Ich ging die Treppe hoch, und die Bettdecke war noch immer ruhig. Vielleicht hatte die Kugel ihr den Rest gegeben. Ich ging in meine Wohnung und schmiß sie auf einen Stuhl. Dann setzte ich mich hin und schaute sie mir an. Dann hatte ich eine Idee.
Ich nahm eine Spülschüssel und legte Zeitungspapier rein. Dann nahm ich ein Küchenmesser. Ich stellte die Spülschüssel auf den Fußboden. Dann setzte ich mich auf den Stuhl. Ich legte mir die Decke auf den Schoß. Und in der Hand hatte ich das Messer. Aber die Decke ließ sich kaum schneiden. Ich blieb dort auf dem Stuhl sitzen, der Nachtwind aus der verkommenen Innenstadt von Los Angeles streifte meinen Nacken, und die Bettdecke ließ sich kaum schneiden. Es konnte ja auch sein, daß in dieser Bettdecke eine Frau steckte, die mich einmal geliebt hatte und die jetzt auf diese Art zu mir zurückgefunden hatte. Mir kamen zwei Frauen in den Sinn. Dann kam mir eine Frau in den Sinn. Dann stand ich auf und ging in die Küche und machte die Wodkaflasche auf. Der Arzt hatte mir gesagt, noch mehr harte Sachen und ich würde ein toter Mann sein. Ich habe aber einen Weg gefunden, ihn reinzulegen. Am ersten Abend einen Fingerhut voll. Am zweiten zwei, usw. Diesmal goß ich mir ein Glas voll. Es war nicht das Sterben, was mich beunruhigte, es war die Traurigkeit, die Verwunderung. Die paar guten Leute, die in der Nacht weinen würden. Die paar guten Leute. Vielleicht war die Bettdecke eine Frau gewesen, die mich entweder töten wollte, um mit ihr im Tod vereint zu sein, oder die als Bettdecke mit mir schlafen wollte und nicht wußte, wie das zu bewerkstelligen war... oder die Mick töten wollte, weil er sie dabei gestört hatte, mir zur Tür hinaus zu folgen? Verrückt? Sicher. Was ist nicht verrückt? Ist das Leben nicht verrückt? Wir sind alle aufgezogen wie ein Spielzeug... ein paar

Drehungen der Feder, sie läuft ab, und was war's denn... und wir stolzieren herum und tun als ob, schmieden Pläne, wählen Ministerpräsidenten, mähen Rasen... Verrückt, sicher, was *ist nicht* verrückt?

Ich trank das Glas Wodka mit einem Schluck aus und steckte mir eine Zigarette an. Dann nahm ich die Bettdecke zum letzten Mal, und dann *zerschnitt ich sie!* Ich schnitt und schnitt und schnitt, ich zerschnitt das Ding in all die kleinen Stücke, die von etwas übrigbleiben... und die Stücke legte ich in die Spülschüssel, und dann stellte ich die Spülschüssel nahe ans Fenster und stellte den Ventilator an, um den Rauch wegzublasen, und als das Feuer anfing zu brennen, ging ich in die Küche und goß mir noch einen Wodka ein. Als ich zurückkam, brannte alles glutrot und gut, wie so eine alte Hexe aus Boston, wie so ein Hiroshima, wie so eine Liebe, gar nicht wie so eine Liebe, und ich fühlte mich nicht wohl, ich fühlte mich gar nicht wohl. Ich trank das zweite Glas Wodka aus und merkte fast nichts mehr. Ich ging wieder in die Küche, um mir noch eins einzuschenken, und nahm das Küchenmesser mit. Ich warf das Messer in die Spüle und drehte den Verschluß von der Flasche ab. Ich schaute wieder zum Küchenmesser in der Spüle hin. Auf seiner Schneide waren deutliche Blutspuren zu erkennen. Ich schaute mir meine Hände an. Ich schaute nach, ob ich mich geschnitten hatte. Christus hatte schöne Hände gehabt. Ich schaute mir meine Hände an. Da war kein Krätzerchen. Da war kein Rißlein. Da war noch nicht mal die Spur von einer Narbe. Ich fühlte, wie mir die Tränen runterliefen, sie rollten wie ein schweres, bewußtloses Etwas ohne Beine. Ich war verrückt. Ich muß wirklich verrückt sein.

Gerald Locklin

„Der linke Haken von Rourke ist nicht so besonders..."

Als ich um 17 Uhr nach dem letzten Seminar in mein Büro kam, lag ein Zettel da: „Miss C. kann wegen Krankheit nicht kommen."

„Scheiße", sagte ich. Und noch einiges mehr. Als ich die Dame eingeladen hatte, war mir schon der Verdacht gekommen, daß sie sich zwischen Yin und Yang nicht entscheiden konnte. Warum hatte sie nicht einfach nein gesagt? Jede Ausrede hätte es getan. Es wäre nicht einmal eine nötig gewesen. Mich haben schon unzählige Frauen abblitzen lassen, und sehr wenige bequemten sich zu einer Ausrede. Von all den Frauen, mit denen ich gern die Hollywood-Premiere von *Barfly* und den anschließenden Sektempfang im Nachtclub Catherine am La Brea Boulevard besucht hätte, mußte ich mir ausgerechnet die eine aussuchen, die entweder gegen mich allergisch war oder einfach fand, daß sie was Besseres zu tun hatte.

Ich griff zum Telefon und rief bei zwei anderen Girls an. Nicht da. Ich rief meinen Verleger Hubert Lloyd an. Nicht da. Ich rief meinen Freund und Kollegen Ray Zepeda an. Auch nicht da. Niemand war zuhause! Wo waren sie alle – in die Twilight Zone verschwunden? Es war fast halb sechs, und um halb acht fing die Premiere an. Ich schätzte, daß ich Century City mit seinen vierzehn Kinos in einer Stunde schaffen konnte, aber ich wollte kein Risiko eingehen. Ich hatte die stille Hoffnung, daß ich früh genug dort sein würde, um mir in einem Spirituosenladen noch eine kleine Flasche Gin besorgen zu können. Sie würde gut in die Tasche meines Kordsamt-Sportsakkos mit den professoral verstärkten Ellbogen passen. Es ist die einzige gute Jacke, die ich besitze – ich erstand sie vor einigen Jahren, als mein ältester Sohn heiratete, und ich stelle fest, daß ich ihre Dienste etwa zweimal im Jahr in Anspruch nehmen muß.

„Cocktail-Kleidung" hieß es auf der Einladung. Ich hatte meine Studenten gefragt, was darunter zu verstehen sei, und einige hatten mir einreden wollen, ich müsse mir einen Smoking leihen. Doch eine Studentin arbeitete zufällig für die ABC-Fernsehshow *Entertainment Tonight*, die von dem Ereignis berichten würde, und sie versicherte mir, daß Sportsakko und Schlips vollkommen ausreichend wären. Von Rod Ziolkowski, dem Ehemann der Dichterin Heidi, hatte ich den Schlips ausgeliehen, den ich mir jedes Jahr umbinde, wenn die Los Angeles Times ihre Literaturpreise verleiht. In einem Artikel bin ich mal als »ehemaliger Kostümberater von Alfred Jarry« bezeichnet worden.

Ich schaffte es knapp. Das erste Unwetter des Spätherbstes ging nieder, es war Rush Hour, und auf dem Highway war in der Nähe des Flughafens eine Baustelle. Zum Glück nehme ich meine städtische Geographie ernst und bin von meiner zweiten Frau und anderen waschechten Einheimischen auf diesem Gebiet bestens unterwiesen worden; daher wußte ich, daß ich auf den La Cienega Expressway ausweichen konnte, auf dem man über die Baldwin Hills röhrt und dann hinunter ins Panorama von Los Angeles mit der Silhouette der Santa Monica Mountains... ein Anblick, der Raymond Chandler gewiß die Tränen in die Augen trieb. Und wie sein Philip Marlowe mußte auch ich vor allem auf der Hut sein vor Bullen, Unfällen und weiblichen Fahrern.

Century City steht auf einem Gelände, das einmal zu den angrenzenden Filmstudios der 20th Century Fox gehörte. Heute hat es zwei Wolkenkratzer zu bieten, das Century Plaza Hotel (eine bevorzugte Absteige unserer Präsidenten, was immer das heißen mag), riesige unterirdische Parkdecks, das Shubert Theatre *(Evita, Cats, A Chorus Line)*, Harry's Bar & Grill (Austragungsort des Hemingway-Imitations-Wettbewerbs – „eine gute Seite sehr schlechter Hemingway"), diverse sonstige Geschäftsgebäude und Wohnblocks...eine Goldgrube des kalifornischen Immobilienmarkts. Und vor kurzem kam noch das Century City Shopping Center hinzu, ein Einkaufszentrum mit gesalzenen Preisen. Die tragenden Säulen solcher Einkaufszentren sind ihre Kinos. Die Kinogänger, einmal da, gehen was essen und trinken, machen einen Schaufensterbummel und kaufen auch unweigerlich was.

Bis auf das Premierenpublikum hat der Regen heute die meisten abgeschreckt. Ich finde im Nu einen Parkplatz in der Nähe des Kinokomplexes, renne eine Treppe hoch und stelle mich in einer langen Schlange an, um meine Einladung gegen eine Kinokarte einzutauschen.

Die Leute, die diesen Laden schmeißen, haben Erfahrung. Als vor mir in der Reihe einer fickrig wird, weil seine Freundin immer noch nicht da ist, sagt die Dame im gestreiften Kostüm: „Beruhigen Sie sich. Ich gebe Ihnen erst mal Ihr Ticket, und *wenn* ihre Freundin noch kommt, bringen Sie sie her, und dann kriegt sie ihres. Danke."

Der Tonfall suggeriert dem Hysteriker, daß heute abend keine Eintrittskarten zu Schwarzmarktpreisen verhökert werden, und wenn es doch dazu kommt, wird das Sicherheitspersonal dazwischengehen. Der junge

Mann nimmt sein Ticket in Empfang und verdrückt sich.

Ich versuche es mit einer anderen Masche: „Meine Bekannte schafft den Film nicht mehr, aber sie denkt, daß sie zum Empfang kommen kann." Man eröffnet mir, allerdings in freundlicherem Ton, daß meine Bekannte – wenn und falls sie erscheint – eine Karte für den Empfang bekommen wird. Na schön, ich weiß eh nicht, was ich mit der zweiten Karte angefangen hätte – eine Nutte vom Sunset Boulevard mitbringen, wie Jake Barnes in *Fiesta*? Bukowski hätte seinen Spaß daran gehabt, aber Nutten sind teuer im Zeitalter von AIDS, und außerdem bekomme ich die zweite Karte sowieso nicht ausgehändigt. Mit einem Lächeln sage ich: „Schon gut. Kann ich jetzt noch meinen Parkschein abgestempelt kriegen?" Die Martinette ringt sich ein Lächeln ab und sagt: „Selbstverständlich, Sir – am Erfrischungsstand."

Das erinnert mich, daß ich nicht mehr dazu gekommen bin, mir den Gin zu besorgen. Ich habe nur von sehr wenigen Filmen die ersten fünf Minuten mitgekriegt, weil ich meistens den Kopf hinter der Rückenlehne des Vordermanns habe und mir einen ordentlichen Schluck in den Pappbecher gieße.

Es entbehrt nicht einer gewissen Ironie, daß ich mir ausgerechnet *Barfly* in stocknüchternem Zustand ansehen werde.

Ob Bukowski das auch tun wird?

Jedenfalls nehme ich in dem mondänen Kino meinen gewohnten Platz in der letzten Reihe ganz links außen ein. Die besten Plätze im Mittelblock sind abgesperrt. Ich sehe weder Bukowski noch Linda Lee oder Barbet Schroeder, aber eine glanzvolle Faye Dunaway. Sie ist größer, als ich sie mir vorgestellt habe, und mindestens so schön wie in ihren reifsten Glamour-Rollen. Die Umarmungen, mit denen sie Kollegen begrüßt, wirken nicht affektiert. Ich überlege, was ich zu ihr sagen soll, falls sich die Gelegenheit ergibt, ihr vorgestellt zu werden. Könnte ich mit einem simplen „Sind Sie aber groß!" ihr Herz erobern?

Mickey Rourke ist nirgends zu sehen.

Rourke war in Cannes, hat sich aber laut *Time Magazine* geweigert, mit der Presse zu reden. Anscheinend war er immer noch sauer, weil er fand, daß sie *Im Jahr des Drachen* unfair heruntergemacht hatten. Er hatte aufsehenerregende Hauptrollen in *9 1/2 Wochen* und *Angel Heart,* doch seine bisher beste Leistung hat er wahrscheinlich in *The Pope of Greenwich Village* abgeliefert. Er hat eine täuschende Ähnlichkeit mit dem Bukowski aus der Zeit von *Faktotum,* als dieser zwischen zwanzig und fünfunddreißig durchs Land trampte, die Schriftstellerei noch mehr Verheißung als Realität war und er sich den nächsten Drink mit niederer Arbeit verdienen mußte. Ernsthaft begann Bukowski erst zu schreiben, als er aus einem Krankenhaus kam, in dem er an inneren Blutungen infolge geplatzter Magengeschwüre fast gestorben wäre. Damals erkannte er, daß die Devise nur heißen konnte: „Jetzt oder nie. Entweder du bringst es, oder du kannst es vergessen."

Er hatte eine Menge Erfahrungen gesammelt und sich eine nihilistische oder ‚menschenfeindliche' Einstellung zugelegt, ähnlich wie Céline, Bierce, der späte Mark Twain, Nathanael West und der kalifornische Dichter Robinson Jeffers. Wie man über Los Angeles schreibt, hatte er in den Romanen von John Fante studiert. Doch Fante, obwohl kein Narr, war unverbesserlicher Optimist. Als ich Bukowski einmal nach seiner Meinung zu dem Film *Ganz normal verrückt* fragte, schrieb er zurück, Ben Gazzara (ein prima Schauspieler in den Filmen von John Cassavetes und in *The Strange One* aus den fünfziger Jahren, einer Verfilmung des Calder-Willingham-Romans *End as a Man*) hätte ihn mit jemand verwechselt, der „ein Herz aus Gold" hat. Das stimmt wahrhaftig: In den Totalen hat Gazzara die massige, schlurfende, eckige Figur perfekt drauf, aber in den Großaufnahmen spielt er einen, der die Schwächen seiner Mitmenschen mit einer müden, bittersüßen Resignation erträgt und einen weichen Kern erkennen läßt, und das hat mit Bukowski nichts mehr zu tun.

Als das *Barfly*-Projekt erstmals in der Presse erwähnt wurde, erzählte mir eine sehr attraktive junge Frau, sie hätte gelesen, daß Eric Roberts für die Hauptrolle vorgesehen sei. Roberts (er agiert neben Rourke in *The Pope of Greenwich Village*) schien mir denkbar ungeeignet, denn er spielt gewöhnlich verkniffene, heimtückische Typen. Ich erkundigte mich bei Bukowski, wie eine derart katastrophale Fehlbesetzung möglich sei – und erfuhr, daß meine Informantin alles durcheinandergebracht hatte.

Nach Cannes hatte ich das Gefühl, als drohe dem Film ein vorzeitiges Ende. Er war zwar gut angekommen, aber dem Vernehmen nach war die Konkurrenz nicht gerade aufregend gewesen. Wie ich hörte, scheute die Cannon Group die Ausgaben für die Endproduktion und eine anschließende Werbekampagne.

Bukowski hatte sich für Cannes nicht einspannen lassen, weil er wußte, daß er es nicht überstanden hätte. Öffentliche Auftritte sind ihm verhaßt, und sie zwingen ihn immer, seinen Alkoholkonsum zu verdreifachen. Außerdem findet er an Reisen keinen Spaß und hält es auch für völlig unwichtig. Das verbindet ihn seltsamerweise mit Henry Thoreau, dem amerikanischen Transzendentalisten von Walden Pond.

Vor fünfzehn Jahren hatte ich noch den Verdacht, daß er seine oft geäußerte Abneigung gegen Lesungen aus taktischen Gründen übertrieb, um höhere Honorare herauszuschinden. Aber dann erlebte ich, daß er sich dem Markt absichtlich entzog, indem er Forderungen stellte, von denen er wußte, daß sie unerfüllbar waren. Und ich war Zeuge, wie ihn die Lesungen schier umbrachten. Die Leute kamen hinterher raus und beschwerten sich, sie wären »geneppt« worden, weil er dermaßen Schlagseite hatte, daß er nur noch betrunkenes unflätiges Zeug von sich gab. In Wirklichkeit hatten sie Eintritt bezahlt, um genau das zu erleben. Es war dasselbe Publikum, das eine Generation von Rock Stars zur öffentlichen Selbstverbrennung getrieben hatte. Schon Nathanael West wußte: Wenn sie alles andere langweilt, verlangen sie Menschenopfer.

Nach meinem Eindruck hat Faye Dunaway möglicherweise mit ihrer Interview-Kampagne in *Vanity Fair* und im Fernsehen entscheidend dazu beigetragen, daß der Film doch noch in die Kinos kam. Ihre Motive müssen nicht ausschließlich künstlerisch oder selbstlos gewesen sein. Es ist klar, daß sie einen so schmuddeligen Part in einem Film mit so niedrigem Budget nicht übernommen hätte, wenn sie nicht ganz kühl kalkuliert hätte, daß die Rolle eine einmalige Chance zu einem weiteren Oscar bot.

Ihre Motive waren mir jetzt unwichtig. Ich war froh, daß der Film fertiggestellt worden war und ich nicht nur ihn, sondern auch die Dunaway aus nächster Nähe zu sehen bekam.

Fast alle Plätze waren besetzt, und eine Platzanweiserin brachte ein modisch gekleidetes Paar direkt neben mir unter. Die beiden stellten sich vor, und der Name des Mannes war mir geläufig – er war einer der größten Investoren in Hollywood. Zufällig hieß er genauso wie ein ehemaliger schwarzer Anwärter auf den Titel im

Schwergewicht. Doch seine Geldsäcke waren mit Sicherheit blütenweiß. Seine Begleiterin hätte ein Filmstar sein können. Ihr beinahe durchsichtiges Kleid, das ihren kleinen, aber vollkommenen Busen kaum verhüllte, hätte ich bei jedem Modewettbewerb sofort für den ersten Preis vorgeschlagen. Trotzdem war sie ein bißchen beleidigt, als ich sie fragte, ob sie im Film mitspiele. Sie gehörte zu jenen Reichen, die sich zu etwas so Vulgärem wie Schauspielerei niemals herablassen. Ihre Revanche bestand darin, daß sie mich fragte, ob ich was mit der Promotion für den Film zu tun hätte. Promotion-Typen waren offenbar so ziemlich das Letzte. Nein, sagte ich, ich sei Schriftsteller und Dozent und ein alter Freund von Bukowski, und wir kämen beide aus derselben Ecke des literarischen Untergrunds.

Als ich ihr meinen Namen nannte, sagte er ihr nichts, und ich erwartete auch nicht, daß er jemand in unserer näheren Umgebung etwas sagen würde, doch da hörte ich aus der Reihe direkt vor uns: „Sie sind *Gerry Locklin*? Ich bin Marina Bukowski. Ich habe an der Long Beach State studiert und im Juni Examen gemacht. Mein Vater hat mir immer gesagt, ich soll mal bei Ihnen vorbeischauen, und ich war auch ein paarmal in Ihrem Büro, aber Sie waren nie da." Sie machte mich mit dem gutaussehenden jungen Mann bekannt, der sie begleitete. Er hatte wie sie ein Ingenieurstudium an unserer Uni absolviert. Ich wußte, daß Bukowski eine Tochter hatte, und ich hatte mich oft gefragt, wie sie wohl sein würde. Und da ich selbst sieben Kinder aus drei Ehen habe, interessierte mich, wie sein Verhältnis zu ihr und ihrer Mutter war. Aber Kinder sind für mich etwas Heiliges, deshalb scheue ich mich, dieses Thema anzusprechen. Nach meinem ersten Eindruck war sie eine spontane, aufgeweckte, umgängliche junge Dame, schlank und von bemerkenswerter Statur. Ich mochte sie auf Anhieb, und nicht nur, weil sie mir das Gefühl gegeben hatte, ein bekannter Mensch zu sein. Wir unterhielten uns ein wenig über die Uni, das Parkplatzproblem und die permanenten Verkehrsstauungen. Dann gingen langsam die Lichter aus, und *Barfly* flimmerte über die Leinwand.

In den folgenden Tagen wurde ich hundertmal gefragt, was ich von dem Film halte. Ich mußte zuerst darauf hinweisen, daß ich ihn anders als die meisten Zuschauer sah, die Bukowskis Eigenheiten nicht kannten und seine Stimme noch nicht gehört hatten. Auch hatten die wenigsten alles gelesen, was von ihm erschienen war. Kritiker und Publikum warfen Rourke vor, sein Henry Chinaski höre sich an wie W.C. Fields, aber genau so klingt Bukowski. Mir wäre es sogar recht gewesen, wenn Rourke seine Sprechweise noch ein wenig *mehr* gedehnt hätte. Es hätte auch was gebracht, die Haare nicht dauernd wie einen Schleier vor die Augen hängen zu lassen. Ich hätte ihn mir auch ein bißchen ruppiger gewünscht und weniger spleenig. Ich wünschte mir, er hätte das Schauspielern sein lassen und wäre Bukowski *geworden.*

Der eine oder andere kennt vielleicht den Fernsehfilm, in dem Dustin Hoffman den Willy Loman in Arthur Millers *Tod eines Handlungsreisenden* spielt. Es ist bewundernswert, wie uns Hoffman seine früheren Rollen und sein öffentliches Image vergessen läßt. Er spielt einen wesentlich älteren Mann, und er macht es hervorragend... nur vergißt man keine Sekunde, *daß* er schauspielert.

Dagegen sah ich mal einen englischen Schauspieler in dieser Rolle, 1980 im National Theatre in London. In der ersten halben Stunde fragte ich mich, warum ganz London so begeistert von dieser Inszenierung war – ich konnte nichts Außergewöhnliches entdecken. Dann aber dämmerte es mir: Dieser englische Schauspieler hatte genau das Wesentliche erfaßt, die Allgemeingültigkeit dieses Stücks, das jede wichtige Lektion enthält, die von Amerikanern dringend gelernt werden müßte – und von Generation zu Generation dennoch nie gelernt wird, obwohl sie in der Schule oder sonstwo unweigerlich mal mit dem Stück konfrontiert werden.

Barfly hat auch noch andere Schwächen. Die beste Prügelszene ist die zwischen den beiden Frauen. Sie zerren sich an den Haaren, drücken sich die Fingerknöchel auf die Augen und schenken sich nichts – ein realistischer Zweikampf. Die Boxkämpfe der beiden Männer sind nicht so glaubwürdig und erinnern eher an Western mit Roy Rogers oder Gene Autry. Kein menschlicher Körper kann soviel wegstecken, nichtmal der von Bukowski. Schlag einem Mann den Kopf ein paarmal an eine Backsteinmauer und du hast höchstwahrscheinlich einen Toten zwischen den Fingern. Ich bin nicht grundsätzlich gegen Brutalität in einem Film – Gewalt kann erhellend, didaktisch und der Klarstellung dienlich sein und eine eminent moralische Funktion haben. Ich liebe Sam Peckinpah's *Wild Bunch*. Doch die körperlichen Schäden, die in *Barfly* überlebt werden, strapazieren meinen guten Willen.

Das Drehbuch ist eine Mischung aus dem Besten und dem Schlechtesten, was Bukowski zu bieten hat. Ich finde ihn am besten, wenn er witzig und dreckig und rücksichtslos ist. Der Bukowski für Leute, die Bukowski eigentlich nicht mögen, ist der, der Pseudo-Lyrisches und Pseudo-Philosophisches absondert. Beide sind in dem Film vertreten. Ich konnte nicht sehen, wo Bukowski saß, aber ich konnte es hören: Das Jungvolk in seiner Nähe lachte schon bei der bloßen Andeutung einer Kritik an der Gesellschaft.

Die Musik gefiel mir. Auch die Anfangs- und Schlußsequenz mit der Montage von Kneipenfassaden (allerdings aus verschiedenen Gegenden der Stadt zusammengesucht).

Viele meinen, Faye Dunawaye passe eigentlich nicht in den Film; eine Frau aus besseren Kreisen, die im Slum nur ein bißchen Abwechslung sucht; aber ich finde sie großartig. Filme, das sollte man nicht vergessen, sind Träume und Alpträume. Was auch die Übertreibungen bei den Boxkämpfen entschuldigen könnte.

Frank Stallone ist wahrscheinlich die am wenigsten glaubwürdige Figur in einem ansonsten hervorragenden Aufgebot von Nebendarstellern.

Doch auf lange Sicht werden solche Einwände sehr wenig bedeuten: Der Film ist ein Klassiker. Er ist einzigartig. Es gibt im amerikanischen Film nichts Vergleichbares... im heutigen amerikanischen Kino schon gar nichts, was sich auch nur *annähernd* damit vergleichen ließe. (Allerdings, *von jetzt an* wird es das geben.) Viele Zuschauer werden ihn abtun als „Werbung für Alkoholismus", einen „Film über einen Haufen Säufer". Wir erleben schließlich zur Zeit einen Neuen Puritanismus, garniert mit Nancy Reagans Anti-Drogen-Kampagne unter dem Motto „Sag einfach nein." Andere jedoch werden in *Barfly* den ersten Hollywoodfilm über Alkohol sehen, der keinerlei Entschuldigung oder Ausflüchte sucht. Er ist keine Satire auf das Leben in der Kneipe – die Welt *jenseits* der Kneipe ist lachhaft und verdient nur Verachtung.

Bukowski schreibt nie mit einer politischen Absicht, weil er gelernt hat, grundsätzlich allen Verfechtern einer politischen Richtung zu mißtrauen. Und doch ist *Barfly* ein hochpolitischer Film, weil er unnachgiebig darauf besteht, daß die Welt nicht in Ordnung ist und das Leben auch nicht. Etwas ist nicht nur faul im Staate Dänemark, sondern überall. Es ist besser, ein Säufer zu sein, als sich so einer Gesellschaft unterzuordnen. Sicher, Henry Chinasky gibt der wohlhabenden Zeitschriftenverlegerin zu, daß auch die Reichen ihre Wehwehchen haben. Aber: „Niemand leidet wie die Armen." Trotzdem sollte man sich nicht in die bequeme Illusion flüchten, daß Bukowski hier nur die amerikanische Gesellschaft abkanzelt. Er zieht es schließlich vor, in Amerika zu leben – vielleicht, weil Amerika erst gar nicht so tut, als wäre es kein kapitalistisches Land, kein darwinscher Dschungel. Wenn er die Gesellschaft ablehnt, dann meint er seine, eure und jede. Seine Distanz zu Marxismus und allen sonstigen Ismen läßt sich allenfalls in Lichtjahren messen. Er ist gegen jede Art von Gesellschaft. Basta. Auch wenn er jeden für einen Blödmann halten würde, der nicht mitnimmt, was eine Gesellschaft zu bieten hat. Benutze sie, aber laß dich von ihnen nicht einspannen. Es könnte also sein, daß dies der revolutionärste Film ist, der je gemacht wurde.

Ich bilde mir ein, daß ich zwischen dem 14-Kino-Komplex und dem Nachtclub einen ziemlich geraden Kurs navigiere, aber da ich meine Karre keinem Parkservice anvertrauen will, lande ich in einer dunklen Seitenstraße und muß einen Fußmarsch von mehreren Blocks absolvieren. Es sind nicht gerade die »gemeinen Straßen, die ein Mann hinuntergehen muß«, wie es irgendwo bei Raymond Chandler heißt, aber im Zeitalter des Kokains kann in L.A. jede Straße von jetzt auf nachher eklig werden. Es ist erst ein paar Monate her, daß sie sich auf den Freeways gegenseitig abgeknallt haben.

Ich hole mein Messer aus dem Handschuhfach und stecke es in die Tasche. Es ist kein Schnappmesser, aber wenn es aufgeklappt ist, rastet die Klinge ein. Ich nehme an, daß es der Fachmann als Jagdmesser bezeichnen würde. In Kalifornien gibt es kein Gesetz gegen Waffen an sich, nur gegen versteckt getragene. Ein Messer, dessen Klinge eine bestimmte Länge überschreitet (9,5 cm?), muß offen getragen werden und in einer Scheide stecken. Mitglieder von Motorradbanden tragen oft, ganz offen und legal, sehr lange Jagdmesser, mit denen man ohne weiteres einem Hirsch das Fell abziehen könnte. Der Verkäufer in dem Diskontladen, wo ich mein Messer erstand, versicherte mir, ich bräuchte keine Scheide dafür. Wahrscheinlich hatte er keine mehr am Lager. Die Klinge ist zwischen 7,5 und 10 cm lang, genau habe ich sie nie gemessen.

Ich stecke das Ding also in die Tasche und strebe mit langen Schritten dem Nachtklub zu. Vor dem Eingang stehen sie Schlange und Paparazzi hängen überflüssigerweise noch herum, obwohl die wichtigen Leute alle schon längst drin sind.

Ich halte nicht viel von dem Schriftsteller Bret Easton Ellis, doch diese Szene erinnert mich unwillkürlich an seinen Buchtitel „Less than Zero" – den er, glaube ich, von der in L.A. beheimateten Rockgruppe „X" abgekupfert hat (John Doe, Exene Cervenka, Billy Zoom und Don Bonebrake; gelegentlich spielt auch Dave Alvon mit). Eine vollgeknallte junge Dame („Orange is the color of my true love's hair") beschwert sich bei den Rausschmeißern: „Ich bin eine Freundin von Mickey, und Mickey hat gesagt, ich könnte diese sieben guten Freunde von mir mitbringen. Nein, ich hab keine gedruckte Einladung, aber *Mickey* hat gesagt..."

Der Chef der Sicherheitsleute – er trägt einen Smoking – läßt zu meiner Verblüffung alle rein, jedoch nicht ohne vorher die strikte Parole auszugeben: „Danach kommt mir aber keiner mehr rein!"

„Hören Sie", sage ich, „ich *habe* eine gedruckte Einladung."

Er schaut sie an, als würde er lieber einer Klapperschlange ins Auge sehen. „Okay", sagt er zu seinen Untergebenen, „laßt den Typ rein, aber danach ist Schluß! Endgültig!"

Was natürlich reiner Quatsch ist. Sie werden alles rein lassen, bis die Kühe von der Alm kommen. Mit oder ohne Einladung. Jeden, der einen potenten Namen erwähnt; jeden, der ein Freund von einem Freund von einem Freund ist.

Der Laden ist rammelvoll. Erstaunlicherweise erkenne ich ein Gesicht. Es ist der Fotograf Michael Montfort. Wir sehen uns sonst nie, aber bei Anlässen, die mit Bukowski zu tun haben, begegnen wir uns immer. Naja, nicht ganz. Die Premiere des belgischen Films *Love is a Dog from Hell* mußte ich sausen lassen, weil die Einladung zu spät kam und ich den Abend bereits meinen Kindern versprochen hatte. Ein paar Tage danach wurde ich entschädigt, als Bukowski bei einer ihm zu Ehren veranstalteten Lesung nicht nur aufkreuzte, sondern auch selbst auf die Bühne stieg und ein halbes Dutzend neue Gedichte las. Es war das erste Mal seit neun Jahren, daß er öffentlich etwas las, und das auch noch umsonst. Es wurde streng darauf geachtet, daß niemand etwas zu essen oder zu trinken mit ins Auditorium brachte. Alten Damen mit einem halbvollen Kaffeebecher und einem angebissenen Stück Schokoladekuchen hatte man das Gefühl gegeben, daß sie praktisch Kriminelle waren, doch als Bukowski mit einer Zwölferpackung Budweiser durch den Mittelgang nach vorn ging, muckte niemand auf.

Die Dose, die er mir in der Pause anbot, lehnte ich nicht ab. Massenhaft junge Leute waren erschienen, und er gab bereitwillig Autogramme. Ich reihte mich spaßeshalber bei den Autogrammjägern ein, und als ich dran war, sagte ich: „Mr. Bukowski, dürfte ich auch eins haben?" Er schaute hoch und mußte grinsen. Dann umarmte mich seine Frau, Linda Lee. Sie tut das, weil sie weiß, daß ich einer der wenigen Autoren bin, die auf den Erfolg ihres Mannes nicht neidisch sind. Und daß ich jahrelang öffentlich erklärt habe, sein Erfolg sei längst überfällig. Wie sie außerdem weiß, ist mir auch bewußt, daß sie Bukowski das Leben gerettet hat. Ohne sie wäre er heute nicht mehr da und hätte nichts mehr von seinem späten Ruhm. Selbst Bukowski gibt das inzwischen zu. Der Zeitschrift *People* erzählte er mal, wie sie ihn durchgebracht hat: 35 Vitamintabletten pro Tag, kein rotes Fleisch, nichts Hochprozentiges mehr. Er trinkt immer noch reichlich, aber meistens ist es Bier und anständiger deutscher Wein, und er fängt später am Tag damit an. Natürlich nimmt er auch eine Flasche mit, wenn er abends nach oben geht und sich an die Schreibmaschine setzt. „Ich schreibe gern, und ich trinke gern", schrieb er mir mal in einem Brief. „Warum sollte ich beides nicht gleichzeitig tun?"

Ich denke nicht daran, ihm zu widersprechen.

Ich schlürfe Sherry, während ich das hier schreibe.

„So locker und entspannt hab ich ihn noch nie erlebt", sagte ich an jenem Abend zu Linda.

„Es ist sein erstes Bier heute", sagte sie.

„Für mich auch."

Ich entschuldigte mich, daß ich nicht zur Premiere des belgischen Films gekommen war, und Bukowski meinte, ich solle ihn mir ansehen. Sie hätten ihn geschönt, aber er finde es irgendwie gut. Natürlich sagte er das nur, weil die PR-Dame der Produktionsfirma neben uns stand. „Hör dir das an", sagte er, „ich rede schon wie ein Immobilienmakler."

„Das kommt davon, wenn man sich mit Norman Mailer rumtreibt."

Wahrscheinlich hatten ihn deswegen schon ein paar andere aufgezogen, denn er lachte und sagte:

„Ach, Norman ist eigentlich ein ganz netter Mensch. Bloß schade, daß er nicht schreiben kann."

Ich wandte mich Micheal Montfort zu, der am nächsten Tag zu einer Ausstellung seiner Fotos nach Hamburg fliegen wollte, und Bukowski begrüßte Ron Koertge, einen der großen Dichter meiner Generation, und dessen reizende Freundin Bianca.

Beim *Barfly*-Empfang sage ich zu Montfort: „Früher sind wir uns nur alle fünf Jahre über den Weg gelaufen. Jetzt alle zwei Wochen. Wenn Bukowski noch erfolgreicher wird, werden wir noch die besten Freunde."

„Komm, ich besorg dir bei diesen Barkeepern einen Champagner. Hank und Linda sind oben. Die Dunaway auch."

„Hast du schon versucht, da rauf zu kommen?"

„Nee, ich habs nicht eilig. Trink erst mal ein Glas."

„Der Schampus ist besser, als ich erwartet hatte. Nicht aus dem Sonderangebot."

„Kennst du hier jemand?"

„Nein, du?"

„Nein."

„Meinst du, Bukowski kennt hier welche?"

„Glaub ich kaum."

„Shit, es müssen fünfhundert Leute sein. Wer zahlt die Rechnung für die Getränke?"

„Andy Warhols *Interview* Magazin, glaube ich."

„Trinken wir auf Andy. Schade, daß er sich hier nicht mehr amüsieren kann."

„Hast du ihn gekannt?" fragt Montfort.

„Ach Gott, nein."

Der Zufall will es, daß in *Interview* ein Gespräch zwischen Madonnas Ehemann Sean Penn und Bukowski erschienen ist, in dem Penn eine Frage stellt, die auf den Punkt bringt, worin Bukowski sich von so ziemlich jedem anderen Autor – oder jedem anderen Menschen – unterscheidet: „Hast du dich je einsam gefühlt?" Antwort: „Nein, nie. Ich habe in einem Zimmer gesessen, war deprimiert, habe an Selbstmord gedacht, war in einer grauenhaften Verfassung, total am Ende – aber nie hatte ich das Gefühl, daß es mir besser gehen würde, wenn jemand reinkommt... oder gar *mehrere*..."

Ich zweifle, ob das viele von sich sagen können. Es mag auch für Bukowski nicht die ganze Wahrheit sein, aber es trifft für ihn mehr zu als für alle, die ich sonst noch kenne.

Ich weiß, daß ich es von mir nicht sagen könnte. Noch nicht.

Ich drücke mich an der langen Theke entlang und schaue nach, ob ich noch jemanden erkenne. Der Dichter John Thomas (Pseudonym) und seine Frau schlürfen Champagner und scheinen von der Vulgarität dieser Veranstaltung völlig überwältigt zu sein. „Ich glaube nicht", sage ich, „daß auch nur ein Prozent dieser Leute je etwas von Bukowski gelesen hat. Ich zweifle, ob ein Prozent der Leute hier überhaupt *lesen* kann." John ist einer von Bukowskis ältesten Freunden. Sie kennen sich seit den Anfängen der Undergroundzeitungen *Open City* und *Los Angeles Free Press,* in denen Bukowski mit seiner Kolumne „Notes of a Dirty Old Man" schlagartig bekannt wurde. Es ist kaum anzunehmen, daß Bukowski in irgendeiner anderen Epoche der amerikanischen Geschichte in Publikationen mit einiger Auflage eine solche Freiheit genossen hätte. Damals, Mitte der sechziger Jahre, hörte ich auch die ersten Geschichten von seinen

Eskapaden und las seine Gedichte in der *Wormwood Review* (nach wie vor die beste Lyrikzeitschrift in Amerika) und in dem bei Black Sparrow Press erschienenen Band „The Days Run Away Like Wild Horses Over the Hills". Es war wohl im Sommer 1969, als man mich das erste Mal bat, Bukowski zu einer Lesung an unsere Uni einzuladen. Blaze Bonazza, der Dekan meiner Fakultät, kratzte mir zuliebe fünfzig Dollar zusammen, die ich Bukowski als Honorar offerieren konnte. Vielleicht waren es auch nur fünfundzwanzig. Er hatte mir geschrieben, er könne es nicht umsonst machen, weil er gerade seinen Job bei der Post aufgegeben hatte. Ich holte ihn in der DeLongpre Avenue in East Hollywood ab und fuhr ihn nach Long Beach. Wir waren früh dran, also ging ich mit ihm in die Forty-Niner Taverne. Mir war nicht klar, wie verkatert er war und wie nervös ihn die Lesung machte, denn als ich bei ihm zuhause reingekommen war, hatte er wachsweiche Eier gegessen, und ich kann mir nicht vorstellen, daß man einem mulmigen Magen ausgerechnet Eier zumutet. Jedenfalls, wir tranken ein paar Flaschen Bier, und draußen auf dem Parkplatz würgte er das Bier mitsamt den gekochten Eiern wieder aus.

Und das, Louie, war der Beginn einer wunderbaren Freundschaft.

Zur Lesung kamen damals weniger als fünfzig Leute. Mittendrin knallte eine Tür, und Bukowski faßte es als Protest auf, doch ich war sicher, daß es nur eine Studentin war, die zur nächsten Vorlesung mußte. 1969 war es ziemlich schwer, jemanden zu schockieren.

Als wir wieder bei ihm zuhause waren, putzten wir zwei Sechserpackungen weg und unterhielten uns über gemeinsame Bekannte aus der Little-Magazine-Szene. „Ach ja", sagte er schließlich, „wieder der alte literarische Tratsch." Da wußte ich, daß es für mich Zeit war zu gehen.

Zwei Jahre danach las Bukowski an unserer Uni vor vollem Haus und strich jedesmal Hunderte von Dollars ein.

John Thomas und seine Frau, Leute mit sozialem Gewissen, halten es jetzt in diesem Nachtklub nicht mehr aus. John sagt: „Ich schau mal nach, ob wir rauf können und unsere Aufwartung machen. Dann verschwinden wir hier."

Ich schiebe mich tiefer in das weiße pseudoklassische Innere des Wals. Ich sehe das Pärchen, das im Kino neben mir saß. In erster Linie sehe ich die Titten der Dame. Es sind überhaupt allerhand famose Titten hier zu sehen. Um mal Bogey in *The Big Sleep* zu paraphrasieren: „Zuviel Titten, zuwenig Hirn." Auch klasse Beine werden reichlich geboten, doch die Dame hier schlägt alle um Längen.

Sie stellt mich ihrem Bekanntenkreis als „ein Freund des Drehbuchautors" vor, und dann erkundigt sie sich: „Hat Ihr Freund noch mehr Drehbücher geschrieben?" Mir dämmert, daß sie keine Ahnung hat, wer Bukowski ist. Sie geht davon aus, daß er nur dieses eine Ding geschrieben hat. Sie denkt, er hätte einfach was erfunden. Nur eine ausgefallene Idee für einen Film – ein Haufen verlotterte Säufer in einer Kneipe.

Hollywood betrachtet Drehbuchautoren als Lakaien, hergelaufene Strolche, lästiges Ungeziefer – vielleicht unentbehrlich, aber größtenteils überbezahlt, damit sie ihre Erniedrigung leichter ertragen. (Bukowski ist diesem Status entgangen, weil er in seinem Vertrag auf einer Klausel bestanden hat, daß ohne seine Zustimmung kein Wort geändert werden darf.)

In ihren Augen bin ich nicht der Freund eines weltbekannten Schriftstellers, sondern eines Tagelöhners. Daß ich zugegeben habe, selbst Autor zu sein und das Zeug auch noch zu unterrichten, relegiert mich vollends an den Rattenschwanz der Hackordnung. Die Frau ist nicht unintelligent, sie gibt sich Mühe, umgänglich zu sein, und sie hat ihre phänomenal verletzlichen Titten, aber wie Koertge es mal formuliert hat: »Der Gestank ihrer Ignoranz kotzt mich an."

Inzwischen trank ich den Champagner so schnell, wie ihn die diversen Barkeeper einschenken konnten. In einer Ecke zuckten Blitzlichter. Auf manchen Stoßstangen sieht man einen Aufkleber mit den Worten: „Amüsieren wir uns schon?" Keiner schien es zu wissen.

Ich ging zur Treppe und gab bekannt, daß ich dem Ehepaar Bukowski meine Aufwartung machen wollte.

„Wie heißen Sie?"

„Gerry Locklin."

„Charlie! Geh mal rauf und frag, ob Bukowski jemand kennt, der Lackling heißt. Mr. Lackless, Sie müssen auf die Seite, Sie versperren den Durchgang. Ja, ganz im Ernst. Nein, weiter.. .weiter da rüber..."

In diesem Augenblick schwebte Faye Dunaway die Treppe runter, und ihre Leibwächter bahnten ihr einen Weg zum Ausgang. Die Treppenwächter atmeten erleichtert auf. „In Ordnung, Sportsfreund, Sie können jetzt rauf. Die Queen ist gegangen."

Ich sah Marina in der Nähe ihres Vaters stehen. Sie winkte mir zu, und ich zwängte mich zu ihr durch: „Das nächste Mal nehm ich ein Pferd mit."

Ihr Freund sagte: „Wenn ich nicht mit Marina gekommen wäre, würde ich jetzt noch draußen stehn."

Ich wartete, bis Bukowski ansprechbar war, und nahm ihn dann am Ellbogen beiseite: „Der linke Haken von Rourke ist nicht so besonders."

„Ich sag dir mal was, Locklin", sagte er mit gesenkter

Stimme. „Rourke hat den Reportern erzählt, *er* hätte die Prügelszenen bestritten, aber ich glaube, er hatte einen Stuntmann."

Ich erwähne das gute Aussehen einer der Schauspielerinnen. Er schüttelt bedauernd den Kopf. „Locklin, sie ist kalt wie 'n Fisch."

Angeblich wollte Sean Penn mal die Hauptrolle spielen und auch selbst Regie führen, doch Bukowski hielt zu Barbet Schroeder, der das Drehbuch bei ihm bestellt hatte und sich jahrelang um eine Realisierung des Films bemühte. Als es danach aussah, als ließe sich das Projekt nicht verwirklichen, bot Bukowski dem Regisseur an, ein Videotape mit ihm zu machen, um wenigstens einen Teil seiner Auslagen wieder reinzukriegen. Es wurden 64 Stunden, aus denen Schroeder einen Zusammenschnitt von vier Stunden unter dem Titel *The Bukowski Tapes* auf den Markt brachte.

Rourke ist übrigens mit dem Ausspruch zitiert worden, er könne sich für Bukowski/Chinaski nicht gerade erwärmen, denn sein Vater sei selbst Alkoholiker gewesen, und er habe deshalb von Hartsäufern eine schlechte Meinung. Bukowski scheint das ehrlich zu kränken. Aber man müßte schon seinen Roman *Ham on Rye* (Das Schlimmste kommt noch) gelesen haben, um zu begreifen, daß jemand mit so einer Kindheit, in der eine üble Hautkrankheit und ein brutaler Vater körperliche und seelische Narben hinterließen, im Alkohol nicht etwas Zerstörerisches sah, sondern eine Rettung, eine Alternative zu Selbstmord – oder Mord.

„Wer sind all diese Leute?« sagt Bukowski. »Zum Kotzen."

„Denk dran«, sage ich, »die Reichen leiden auch."

„Ich bin nicht reich."

„Ich weiß. Ich hab nur aus dem Film zitiert."

„Ah", sagt er, „da ist ein alter Bekannter..."

Es ist ein Schwarzer, der einmal mit ihm bei der Post gearbeitet hat. Bukowski ist anzusehen, wie sehr er sich freut, ihn hier zu sehen. Eine Fotografin nimmt die beiden ins Visier, also trete ich einen Schritt zurück, um nicht im Weg zu sein. Aber sie will auch den Schwarzen nicht mit auf dem Bild haben. Sie will, daß Bukowski zu ihr hinsieht. Als er nicht darauf eingeht und sich weiter mit seinem alten Bekannten unterhält, wird sie sauer.

„Drücken Sie drauf", sage ich. „Nur zu. Klick. Wird ein prima Bild."

„Ich will sein *Gesicht*", sagt sie.

„Ach was, das ist doch viel besser. Sein Gesicht knipst jeder."

„Wer sind Sie denn? Ein gottverdammt berühmter Fotograf?"

„Ganz recht. Ich bin der der gottverdammte Ansel Adams. Bukowski und ich sind oft zusammen auf den El Capitan gestiegen."

„Arschloch!"

Schließlich prostet ihr Bukowski zu, und sie bekommt doch noch ihr Bild.

Ein paar Schritte weiter steht Montfort und schießt unauffällig aus der Hüfte.

Ich lege Linda Lee die Hand auf die Schulter.

„Gerry!"

„Ich höre, du hast eine Rolle in *Death Wish 3*."

„Nur eine kleine. Aber es reicht, um in die Schauspielergewerkschaft reinzukommen."

„Jemand hat mir gesagt, ‚Das Liebesleben der Hyäne' wird vielleicht verfilmt. Da solltest du dich selber spielen."

„Dafür werden sie eine jüngere brauchen."

„Blödsinn. Dir sieht man überhaupt kein Alter an. Hat Taylor Hackford noch die Rechte an ‚Post Office' (Der Mann mit der Ledertasche)?"

„Ich glaube, ja."
„Warum hat er den Film noch nicht gemacht?"
„Meines Wissens konnten sie sich nicht auf ein Drehbuch einigen."
„Shit, der Roman *ist* bereits ein Drehbuch. Aber was versteh ich schon davon. Paß auf, *Barfly* wird bestimmt ein Erfolg. Aber ich glaube, jetzt mußt du dich wieder um deine Gratulanten kümmern."
Schroeder, der Bukowski gerade Wein nachgeschenkt hat, dreht sich zu mir um, und ich sage: „Barbet, wir haben uns 1980 bei Hanks Geburtstagsparty getroffen. Sie haben mir allerhand witzige Geschichten von Produzenten erzählt, die Bukowski im Film von einem Beethoven-Verehrer in einem gitarreklimpernden Soft-Rock-Hippie umfälschen wollten. Damals hat es für das Projekt noch finster ausgesehen. Das ist heute Ihre große Stunde. Gratuliere."
Er schaut in die Runde. „Nein, *diese* Stunde nicht. Die anderthalb Stunden Film, ja. Aber bestimmt nicht das hier..."
„Was ist Ihr nächstes Projekt?"
„Ach darüber will ich noch nicht sprechen. Ich will nicht einmal daran denken. Ich hab den Kopf noch voll von *Barfly*."
„Das versteh ich. Ich glaube, der Erfolg läßt sich noch gar nicht richtig abschätzen. Sie haben ihn verdient. Sie haben an das Projekt geglaubt."
„Danke."
„Nein, wir müssen *Ihnen* danken."

Ich sehe den Burschen, der in dem Underground-Klassiker *Eating Raul* den Ehemann gespielt hat. Ich arbeite mich quer durch den Raum zu ihm durch und sage: „Ist das Raul?"
Er schaut herunter auf das Appetithäppchen, das er

gerade mit einem Zahnstocher aufgespießt hat, und leckt sich die Lippen. „Ja", sagt er, „das ist der letzte Happen von ihm."
„Ich war begeistert von dem Film. Sehe mir immer wieder Teile davon an, wenn er im Kabelfernsehen kommt. Ich wollte Ihnen nur sagen, wie sehr mir der Film gefallen hat."
„Wie finden Sie *Barfly*?"
„Ich glaube, hierzulande wird man erst nach und nach begreifen, was für einen enormen Stellenwert der Film hat. In Europa werden sie bestimmt Schlange stehn, um den ganzen Block rum."

Es wird spät. Das Gedränge hat sich gelichtet, die großen Studio-Macker sind gegangen. Bukowski läßt ein bißchen den Kotzbrocken von einst durch. „Ich muß hier raus. Der Laden stinkt mir. Mir kommts gleich hoch. Komm, Linda, wir verschwinden."
Linda lacht. Ich grinse. Die anderen sind ebenfalls amüsiert – es sind nur noch Leute da, die ihn ohnehin mögen. Ein bißchen finde ich es schade, daß er gewartet hat, bis niemand mehr da ist, den er damit vor den Kopf stoßen kann. Andererseits bin ich froh, daß er nicht mehr den Drang verspürt, dauernd sein schlimmster Feind zu sein.
„Bis bald, Hank. Und danke für die Einladung."
„Aaach, ich freu mich immer, dich zu sehn. Jetzt kannst du nach Hause fahren und drüber schreiben."
„Scheiße, Hank, das sagst du ständig, und am nächsten Tag bist du derjenige, der leicht verkatert und paranoid aufwacht und präventive Erstschläge austeilt – nur für den Fall, daß dir einer von uns was hinreiben will."
„Naja, vielleicht schreibst du's nicht morgen früh, aber in sechs Monaten."
„Kann sein. Irgendwann vielleicht. Aber nichts Ge-

plantes. Und wenn ichs tue, dann deshalb, weil du einer von den Schreibern bist, an denen ich mir ein Beispiel nehme."

„Aaaach...."

Einen großen Teil des Abends hatte ich mit Marina und ihrem Freund herumgeflachst. Jetzt sagte ich: „Hank bringt mich um, wenn ich es verrate – aber als er mir vor ein paar Jahren geschrieben hat, daß seine Tochter an die Long Beach State geht, hat er tatsächlich dazugesagt: ‚Laß die Finger von ihr, Locklin.' Ich hab ihm gesagt, er kann sich drauf verlassen. Hank denkt, ich penne mit der gesamten weiblichen Belegschaft der Uni, was natürlich Quatsch ist, aber ich laß ihn in dem Glauben. Ich hoffe, ich seh euch beide bald wieder."

Ein paar Tage später las ich in der Zeitschrift People, wie Bukowski sein Verhältnis zu seinem einzigen Kind sieht: „Marina ist cool... Sie weiß, daß es mir peinlich wäre, wenn sie sage würde: ‚Gott, find ich das toll, was du schreibst.' Wir sind uns ähnlich. Wir platzen nicht mit Sachen raus, die besser ungesagt bleiben."

Zu Linda sage ich: „Paß gut auf ihn auf."

„Hey", sagt sie, „er kümmert sich auch ganz gut um mich, weißt du."

„Bestimmt. Du weißt schon, was ich meine."

Draußen gehe ich mit zusammengekniffenen Augen zu meinem Wagen und halte in der geballten Hand eine Stichwaffe bereit für jeden, der auf den dummen Gedanken kommt, mir die Stimmung zu verderben.

Zwei Wochen später führte ich meinen sporadischen Briefwechsel mit Bukowski weiter und bekam folgende Antwort:

Hallo Lock:

Ja, es waren viele Interviews, zu viele, und das mit *People* war das letzte. Ich hätte es nie für möglich gehalten, aber ich wurde es ziemlich leid, über mich und meine Vorstellungen und all sowas zur reden. Nachdem ich für die *Bukowski Tapes* vor ein paar Jahren, wie du weißt, etwa 64 Stunden lang geredet habe. Nach einer Weile fällt einem kaum noch was ein, und man muß warten, bis es sich wieder auffüllt.

Manche von den Boys werden jetzt glauben, daß der Film mir den Rest gibt, aber die haben schon immer gehofft, daß mich etwas erledigt: das Trinken, der BMW, die Heirat, ein Haus, 5 Katzen... Die Kerle denken so viel an meinen Tod (geistig und auch sonst), daß es für ihre eigene Arbeit kaum noch reicht.

Das Trinken und die Pferdewetten sind in Wirklichkeit zwei von den Dingen, die mich vor dem Schlimmsten bewahren. Sie nehmen mich fast total in Anspruch und lassen mir wenig Zeit für Gedanken an Ruhm oder wie ich vielleicht ein Vermögen scheffeln könnte. Das ist mein Glück. Würde ich den ganzen Tag im Haus rumsitzen mit einem Schal um den Hals und nur ans Schreiben denken, dann würde ich ziemlich bald in der üblichen routinierten Scheiße versacken. (Verquerer Satz, aber mir paßt er auch so).

Jedenfalls, ich bin schon reichlich lange an der Front und habe den Eindruck (?), daß ich weiß, wann und wie ich in Deckung gehen muß. Das mit *People* habe ich gemacht, weil ich das Blatt zickig und komisch finde. Es ist voll von Flachwichsern, und man stolpert in jedem Supermarkt drüber. Es ist was zum Lachen. Dagegen habe ich Einladungen für „20/20", „Sixty Minutes" und die Johnny Carson Show abgelehnt. Man weiß instinktiv, daß sie einen aussaugen. In solchen Shows hast du keine Chance, dich zu geben, wie du bist. Sie würden dich sofort ausblenden. Bei dieser Live-Sendung in Paris habe ich es ja gesehen: Genormtes Verhalten, das ist das A und O. Lieber tippe ich was auf ein Blatt Papier, da kann ich verdammt nochmal tun und lassen, was ich will.

Freue mich immer, wenn ich dich bei solchen Veranstaltungen sehe. Du wirkst irgendwie beruhigend auf mich, weil du den Humbug durchschaust. Der Empfang nach der Premiere gehörte zum Schlimmsten. Ich fühlte mich verstümmelt und kastriert. Diese drückende, schwarze, stickige Atmosphäre von Leere und Nichts. Barbet hat es wirklich auf den Punkt gebracht, als er zu mir herkam und sagte: »Gott, diese Leute sind grauenhaft! Ich komm mir vor, als wär ich von Kopf bis Fuß mit Scheiße verschmiert!« Das hat mich aufgemuntert, und bald danach habe ich Linda zum Abhauen überredet. Und wenn ich irgendwo rausgehe, wo man umsonst zechen kann, Lock, dann weißt du, daß der Laden plus minus Null ist – ein Nichts, das sich mit Worten nicht beschreiben läßt.

Barfly ist kein großer Film, kommt aber ganz gut über die Runden. Ich habe ihn jetzt zwei- oder dreimal gesehen und er hat mich jedesmal durstig gemacht. Ich meine, her mit 'nem Glas und runter damit. Irgendwas Realistisches muß also dran sein.

All right, du dicker gemütvoller Bärenhäuter. Immer gut von dir zu hören. Klar.

Hank

12-10-87

Hello Lock:

Yes, there were many interviews, too many, and PEOPLE was the last. I never believed it possible but I did get quite tired of talking about myself, my ideas, all that, because, you know, a couple of years ago I talked about 64 hours for the Bukowski tapes. After a while there isn't much left to say and you have to wait on a REFILL.

Now some of the boys are going to think the movie is going to kill me off, but they've always hoped something would: drink, the BMW, marraige, a house, 5 cats... Those fellows worry so much about my death (spiritual and otherwise) that they can hardly do their own work.

Actually, 2 of the things that keep me in the clear are my drinking and my gambling. These can be rather consuming, almost all-consuming, and leave me little time to wonder and ponder on such things as fame or possible fortune. I'm lucky that way. If I sat around the house all day with a scarf around my neck and concentrated on writing I'd drown in the normal shit of the way soon enough. (bad sentence there, but I still like it).

Anyway, I've been on the battlefield a long time and I seem (?) to know when and how to duck. Like, I went for the PEOPLE thing because I think it's corny and funny. So many jerk-offs are in there and you see the thing in the supermarket line. It is to laugh. I did turn down invites to 20-20, 60 minutes and the Johny Carson show. You've got to instinct what will suck you dry. There's no chance to be normally real on those shows, they'd cut you off. I found out on that Paris program: there's a certain way you must behave. And that's what I like about typing things on a piece of paper: you behave any fucking way you please.

Always good to see you at gatherings, you always have a certain calming effect on me, like you can see through the bullshit. That after-premiere gathering was one of the worst. I felt mutilated and be-balled. There was a heavy nothingness in the air, black, stuffy. Barbet described it best when he walked up to me and said, "God, these people are horrible! I feel like my whole body is covered with shit!" That cheered me, and soon after that I talked Linda into getting out of there. And when I leave a place with free drinks, Lock, you know that place is minus zero plus zero = a nothingness worse than can be described.

Barfly is not a great film but it kicks along. I've seen it 2 or 3 times and it always makes me thirsty. I mean, to down a glass. So there must be a link to some realism there.

All right, ya big tender bear, it's always good to hear, Sure.

Hank

MR. Charles Bukowski
69 Cachinnation Row
Catatonia City
00100

Dear Mr. Bukowski:

I've read your poems. Wouldn't you like to come over for a chicken and rice dinner? I've got a 4 year old daughter, Sarah, and she asks about you. What we are wondering about is what is your typical day like?

Cindy

"THEN I READ ALL THE POEMS I WROTE WHEN I WAS DRUNK AND THEN VOMIT AGAIN. THE NIGHT BEFORE Shit."

THEN I SCRATCH MY ASS PRETTY GOOD WHILE LOOKING IN THE MIRROR. THIS IS CALLED "LATENT".

We sleep at her place. She sleeps. I look at the ceiling and drink the beer. I don't know when I write the poems. And

"Thanks, but, like, yes, Buk. Don't like chicken + rice."

Los Angeles
9-16-79

THE WIND IS BLOWING, IT'S SMOGGY AND I'm SOBER. THINGS WILL GET BETTER.

Charles Bukowski